時給はいつも最低賃金、これって私のせいですか？

国会議員に聞いてみた。

和田静香

取材協力
小川淳也

左右社

時給はいつも最低賃金、これって私のせいですか？　国会議員に聞いてみた。

時給はいつも最低賃金、これって私のせいですか？　国会議員に聞いてみた。―目次

第3章 「なんか高い」では済まされない税金の話

第6章　自分を考える＝政治を考える

はじめに　コロナ禍の前から私はずっと不安だった

新型コロナウイルスが世界中で大流行するという100年に一度とも言われる危機が訪れ、私たちは先が見えない不安の中を生きている。

命の危機さえある感染症に気をつけながら過ごし、気軽に人には会えない、自由に好きなところへは行けない毎日は重苦しくて気が滅入る。生活そのものが破綻する人も日に日に増え、私もひぃふぅみぃ、貯金額の残りを数えながら心細く暮らしている。これはいつまで続くのだろう？　考えると、時に絶望もする。

でも、思い返せば私はその前からずっと閉塞感に覆われ、息が詰まるほど不安で苦しかった

——と、いきなりのひとり語り、失礼いたします。

私はフリーランスのライターで、和田静香と申します。生まれは千葉県で、育ったのは静岡県。56歳。今は都内に単身で暮らしている。相撲と音楽が好きで、横綱白鵬のことになると我を忘れ、好きなバンドは全財産をはたいても追いかける。極端な性格と無鉄砲な行動で、周囲を驚かせる

タイプかもしれない。

仕事を始めたのは1985年、20歳のとき。ラジオ番組への投稿がきっかけで、音楽評論家・作詞家の湯川れい子さんのアシスタントになった。都内の彼女の自宅兼事務所でデスクワークのみならず、掃除や買い物に犬の散歩と、目につく仕事は何でもやった。

そのかたわらで音楽誌や週刊誌の音楽欄などに記事を書き始めた。ライターとしてフリーランスでやっていけるんじゃないか？ そう思って1992年に独立したものの、辞めた途端に仕事がなくなり、最初にやったことは近所のパン屋さんへのバイトの問い合わせ。面接に行く直前、ラジオ番組を構成する仕事が舞い込んでなんとかなったけど、何ら準備も心構えさえできていなかった。

それでもなんとかやってこられたのは、ミリオンセラーが続出した90年代のCDバブルのおかげだろう。世の中のバブルは正に私がフリーランスになった1992年頃に崩壊していたけれど、「音楽業界の好景気は世の中の動きに遅れて現れる」と、業界の先輩たちから聞かされていた。それに1990年代～2000年代初め、まだ日本の社会にはお金を払って文化を楽しむ余裕があった。でも、私が40代も半ばにさしかかる2008年頃になると、仕事は極端に減った。CDは売れなくなり、雑誌は次々廃刊に。とはいえ私の場合、何より自分自身の勉強不足のせいだと思っている。新しい流れに、ついていけなくなった。

それからは生活のためにライター業と並んで、様々なバイトをしてきた。コンビニ、パン屋、スーパー、レストラン、おにぎり屋さん。飲食系ばっかりになるのは、私の「食べるのが好きそう」な見た目もあるかもしれない。ちなみに、時給はいつもその時々の最低賃金だ。

心配する湯川さんに、「これからどうするの？　年を取っても食べていける何かを見つけなさい」と、手相占いの学校の授業料をポーンと小切手でもらって通ったこともある（まったく身についていない）。長野県・戸隠山での「地域おこし協力隊」（総務省が行う都市から過疎地域への移住促進事業）へやみくもに応募するも、到着した急峻な山道に一瞬で「私には無理」と落胆し、すごすご帰って来たりもした（当然落選！）。

私の人生はとりとめがなく、いつも行き当たりばったり。先行きは見通せず不安で、どうしようどうしようとジタバタしてきた。

「ええっと、和田さん、あなたの人生のダメさや不安は、あなた自身の問題じゃないですか？　いい年をして、もっと計画的にやるとか、努力されたらいかがでしょう？」

きっと、そんな風に自己責任を問われるだろう。まったくその通りだけど、世の中そうそう上手くは生きられない。努力は必ずしも報われない。と言うか、この時代、いくら計画したって、計画通りに生きられる人なんて、ほんの一握り。私みたいな人があっちにもこっちにもいて、みんな不安で、息もできないよう。

ちょっと前まで、遠い未来は見えずとも明日は見えると思えていたのに、徐々に明日さえも定かではなくなってきた。政治が悪いから。政治家のせいだ。私は寝言のように言い続けてきたけど、だからって何も変わらない。

みんなが辛くて、どうしようもない。やるせなく、悲しい。

このままの社会でいいのか？　いいわけがない。じゃ、どうしたらいいの？　分からない、分からない、分からない！


そんなところへ、コロナ禍がやってきた。

誰も彼も大変になっているものの、こういうときはやっぱり、いちばん弱いところから痛めつけられる。今回は、女性を直撃した。

たとえば、非正規で雇用される人たちに解雇や雇い止めが相次いで、特に女性は男性の1・8倍近くがその憂き目に遭った。その後、女性は再び仕事につくことも難しく、新たな仕事をみつけられない女性も男性よりずっと多い。2020年が終わる頃には、パート・アルバイトで仕事が半分以下に減り、休業手当も支払われない女性の実質的失業者は90万人以上とも言われた（NHK・JILPT共同調査、野村総合研究所）。

私自身を言えば、2020年3月末まではこれまで通りにバイトをしていたものの、長めに休んだ後に解雇になった。若い人が無防備にワイワイ通る商店街に面したおにぎり屋さんのバイトで、シフトを入れるのが怖くてためらっていたら、「もう来ないですね」と事情も聞いてもらえないまま終わった。

街へ出れば、無料の食料配布に数百人が並び、生理用品を買えない女性に区役所が無料で配ったり、昨日まで普通に働いていた人が仕事も家も失くして路上に寝るとか、日々貧困がアップデートされている。これまでと様相が違うのは、誰もが明日は我が身になり得ること。みんながビクビクして、互いをけん制し合ってるかのよう。

なのに、政府は２６０億円もかけてスカスカで飛沫が飛び散るようなマスクを送りつけてみたり。覚えていますか？　お肉券だのお魚券だの迷走した末にやっと10万円を配り、私たちに寄り添うそぶりも見せないままＧｏＴｏだ、オリンピックだと浮ついてきた。一体なんで、そうなるの？

蔡英文（台湾）やアーダーン（ニュージーランド）、メルケル（ドイツ）といった他の国のリーダーたちが知恵と采配でもって感染を抑えこむ努力を重ね、みんなに寄り添ったメッセージを切々と語るのに、私はそんな言葉を国から掛けられたこともない。なんという悲劇だろう。いや、喜劇なのか？　分からない、分からない、分からない！

日本はこれからどうなっちゃうんだろう？　私はここで、どう生きたらいいんだろう？

願いはある。ひとりもとりこぼされることなく、全員があたりまえに安心できる暮らしが保証されることを。誰かが助かるために、誰かが蹴落とされないことを。今日の誰かの営みが、誰かの明日を創ることを。分かち合い、共にあることを。強く、強く、願う。私はそういう社会に生きたい。そうでないと生きることが難しい。絶対的死活問題だ。

じゃあ、そのために、私はどうすればいいんだろう?

それが分からなくて、知りたくて、2020年11月、私は東京の地下鉄・永田町の駅に降り立った。向かうのは衆議院第二議員会館。国会議員に、直接聞いてみることにした。

えっ? 何を考えてんだ、あんた?

大丈夫。ムチャなのは知っている。私はたいていの場合、そんな風に生きてきた。あとさき考えず、思うままに、やみくもに。私は自分の「分からない」をぶつけに行くことにした。高まる気持ちはまるで道場やぶりだ。当たって砕けろ!

ドンドンドンッ、たのも――っ!

第1章

生きづらいのは自分のせい？

応援する候補者が当選したためしがない

遡ること、4カ月前の2020年7月。

私は衆議院議員の小川淳也さんを追ったドキュメンタリー映画『なぜ君は総理大臣になれないのか』（以下、『なぜ君』）を見て、小川さんと監督の大島新さんに話を伺い、AERA dot.（朝日新聞出版）というウェブサイトに記事を書いていた。

元々は映画のプロデューサーである前田亜紀さんが、その頃私と2人で本を作っていた文筆家の金井真紀さんと親しく、前田さんが金井さんに「映画を見て記事を書いてくれるライターさんはいないか？」と聞いて、紹介されたことがきっかけだ。

映画を見たのは公開から少し経って評判が高まり、東京都知事選挙が告示された直後の6月後半。立て続けに2回見た。1回目はボロ泣きで冷静に見られず、2回目はじっくり見た。

2003年から、17年間も小川さんを追いかけたノンフィクション。一人の政治家を通して日本の政治、特に選挙の不条理さを描いている。映画から見えた小川さんは、「政治は勝った51が、どれだけ残りの49を背負えるかなんです」と理想をまっすぐ語るような志の高さが逆に足かせになって、政界のギラギラした人たちに翻弄されていく。ポツンとひとり、子どもが取り残された

かのようだった。

「政治家には向いてないんでないか？」

映画の中で何度も問われていたけど、私には向いてない部分ばかりが好ましく、政治家に向いてる人ってイヤだなぁ、そんな人こそ政治家であってほしくないと思った。

そして、向いてようが向いてまいが、小川さんは一途に国を想い、やり続ける。涙を流し、声を枯らせ、悩み、語り、その姿をまざまざ見せつけた。

家に帰って、さっそく前田さんにメールを書いた。

「都知事選の最中に見て、選挙って理不尽でおかしなことばかりだと、改めてしみじみ思いました。こんなにも優秀な、国を想う人が翻弄されていく様に『あああああああ』と声が出てしまう。選挙に長けている人、政治力のある人と、本当に国を想う人がまったく別な今の日本、どうにかならんのかっ?です。映画中、総理大臣になりたいか?と問われて迷い、悩むところが胸に迫りました。迷い、悩むとこと、それ自体が誠実さの表われです」

メールの最後に、「小川さんにインタビューできないですか」と書いたが、最初、それは難しいという返事だった。

ところで2020年5月、Twitterで「#検察庁法改正案に抗議します」のハッシュタグが400万回を超えてツイートされ、法案が6月中旬に廃案へ追い込まれたのを覚えているだろうか。その少し後だった7月5日の東京都知事選の前日、朝4時に目が覚めた私はぼんやりTwitterを見ていた。すると「#都知事選を史上最大の投票率にしよう」というツイートが目に留まり、これは面白い!と、「みなさんで、このハッシュタグを今日、明日、広めませんか?」とツイートした。「#検察庁法改正案に抗議します」の真似をしてみたくなった。するとまさか! これがどんどん広まり、翌投票日にはTwitterのトレンド一位になって大いに興奮した。

もともと、私は選挙にも興味や関心があるのだ。このときは応援している候補者のチラシを近所にポスティングして回ったりもした。コロナで外出は散歩のみ。そのついでにチラシを紙袋に入れ、感染予防のビニール手袋をはめ、ポストに入れて歩いた。

Twitterにしろポスティングにしろ、やっているときは妙な充実感があるけど、でも、結果はうまくいかない。私が応援していた人は落選した。何でだろう? 何がどうダメなのか、分からない。がっくりする。もう、どうでもいいやと捨てばちな気持ちになる。どうせ私なんて、と自己卑下のループに陥る。

でも、それじゃだめだよね。「問われているのは私たち有権者の方だ」――映画『なぜ君』が暗に訴えかけていたことが、頭の中でぐるぐるした。

モヤモヤしていると、小川さんがインタビューを受けてくれることになった。「Zoomでもいいんで」「担当編集者も是非にって言ってまーす」と、しつこくお願いしていたんだ。

だけど、たちまち困った。映画には感動したし、不満は山ほどあっても、いざとなると何をどう質問したらいいのか分からない——国会議員になんて、会ったことがないんだから。困って金井さんに相談すると、「政治家って友達とかいるのかな？」と言うから、「あ、それ、いいね」って、思いつくまま、そういう質問をいくつも並べてみた。

○政治家には友達がいますか？
○政治家は威張りますか？
○てんぐになりがちな政治家としての自分を抑えるには何が必要ですか？
○政治家は金持ちですか？
○地元と東京を行き来する生活は体力的に大変ですか？　昔の大名みたいです。
○政治家「小川淳也」ではない時間はありますか？

これら質問（って、言っていいのか？）を事前に送り、衆議院第二議員会館へ生まれて初めて行った。

東京の地下鉄・永田町の駅を降り、「参議院・衆議院会館」と書かれた方へ進むと、エスカレーターを上がって表に出る。目の前には参議院議員会館があり、隣に衆議院第二議員会館があった。その向かいが国会議事堂だ。

入口を入ってすぐ、空港にあるような荷物検査を受け、受付に名前や住所、訪問先と要件を書いた用紙を渡すと、入館用のＩＣカードが渡される。あちこちに警備の人が立っていて、ゴミひとつ落ちてやしない。

その日は編集者さんとカメラマンさん、それにプロデューサーの前田さんが一緒だった。小川さんの事務所がある10階にエレベーターで上がると、まるで学校のように議員それぞれの部屋の入り口に部屋番号の札がかかっていて、「学校みたい、学校みたいだね」と私は妙にはしゃいだ声を出した。たぶん、緊張していたんだろう。

小川さんの事務所に入ると、映画『なぜ君』で観たのと同じ、秘書さんたちのデスクがある部屋があり、その右側に大きな会議用テーブルが置かれた部屋、奥に小川さんの部屋がある。私たちは大きなテーブルのある部屋に案内され、しばらく待っていた。

すると、厚生労働部会とやらで遅れてやって来た小川さんは「いやいや、すみません、遅れちゃって」と、いきなり私たち取材陣に頭を下げた。名刺を交わし、挨拶を終えると、「和田さんの質問はかわいいいね〜」と、やたらに言う。バカにしてる風じゃなく、本当にそう感じて言っていることが分かり、小川さんはなんだか少し変わっていて（失礼！）、私が日ごろ思う政治家像とはぜんぜん違った。そのぉ、偉そうなところがなく、子どもじみた質問を面白がってくれる。

それでインタビューの冒頭、わだかまっていた都知事選について「小池百合子さんて、なんであんなに圧勝したんですか？」と聞いた。


今回は平時の投票結果ではなく、有事のものでしたよね。有権者心理としては小池さんにいい悪いはあったとしても、現職を変えられない。有事下では戦争が最も極端な例ですけど、現職に極めて有利に働くというのがあったと思います。ただ370万人でしょう、『小池ゆりこ』と投票用紙に書いた人は。東京都民は1400万人で、残り1000万人は書かなかった、子どもたちは書けなかった。1000万人以上は積極的に小池とは書いてない、それを背負って都政のかじ取りをして欲しいですね。

分かりやすく、納得する答えが返って来た。やっぱり、この人は政治家だと思った。選挙の見方や考え方がぜんぜん違う。

小川さんは1971年、香川県高松市生まれで、現在（2021年7月）は立憲民主党に属する衆議院議員。東京大学法学部を卒業し、自治省（現・総務省）に入省するも、「政治家になりたい、と思ったことは一度もないんですよ。『なりたい』ではなく、『ならなきゃ』なんです」（『なぜ君』より）と、政治家になった。

インタビューはその後、用意したかわいい質問を聞くことはなく、そのままの流れで選挙の話をした。Ｔｗｉｔｔｅｒやチラシ配り、自分なりに選挙のお手伝いをしたつもりなのに何も実らないことに疲れる、どうでもよくなると言った。

でも、そのおかげで何人かが投票所に行ったかもしれないし、和田さんの応援する候補者の名前を書いたかもしれない。選挙って、日々やっていることが実っているか分からないんですよ。会社だと、毎日、毎時、売り上げって出てくるでしょう。でも選挙は、毎日が砂粒を積み上げていくような感じがして、途方に暮れそうになるんですね。でも、そこで途方に暮れちゃうと、そうじゃない人の勝利なんで、途方に暮れそうなことを認め、でも、途方に暮れないことを決意して、一粒一粒、砂を積み上げることをあきらめない、ということしかないんです。

「そこで私は落ち込んで、絶望してしまうんです」と重ねて言うと、「**落ち込んでもいいんですよ、それでまた立ち上がれば**」って、小川さん。そうなのか。頭の中でぐるぐるしていたものが、少しゆっくりになってきた。

でも、辺りに誰もいない畑のど真ん中に幟（のぼり）を持って演説してましたよね？　空しくないんですか？　あんなことして、意味があるんですか？　映画『なぜ君』で見た場面を思い出し、意地悪なことを言った。

畑の向こうに家がありますから。もしかしたら聞いていていてくれるかもしれない、もしかしたら声が届いているかもしれない。それでやっているんです。逆に言うと、有権者の側も自分の1票で一気に何か変わるかもと思い込むと、実際はそんなことないので、あきらめやすくなるんです。

ガーン。その通りだ。私は自分の力を過信していたかもしれない。

日本には有権者が1億人。自分はその1億分の1だと。しょせん、それっぽっちだと。でも、ゼロじゃないよ、と。そこから出発すれば、あきらめずに済むんです。自分自身の有権者としての力を過大評価しても挫折するし、過小評価しても敗北につながる。等身大で評価しないといけない。

自分の力を等身大で評価する——頭のぐるぐるがゆっくり止まった気がした。それじゃあと、私はいつも新しい政党や政治家が出てくるとワアアと興奮して盛り上がり、すぐに冷めてあきらめる。でも、また同じことを繰り返すことも話してみた。

その反省と総括を永久にやっていくことです。これで100点満点とか、ここから先が理想の政治とか、今日から理想の社会になりましたとか、ないから。永遠にやり続ける覚悟です。しんどいよ。

しんどいことをやろうとして政界に入ったんですか？　また失礼なことを言う。

最初、ここまでとは思ってなかったけどね。思ってなくて、最初はもっと簡単に理想を追求しよう、実現しようとスタートしたんです。

小川さんが最初に立候補したのは２００３年、32歳のときだ。映画『なぜ君』の元になった当時のＴＶドキュメンタリーをプロデューサーの前田さんに見せてもらったら、元野球少年らしく声を張りあげ、「ただただ今まで、政治を何か遠いもののように感じておられた多くの市民の手に、取り戻したい。どうかあきらめずに、一緒に歩いてください。心からお願い申し上げます」と挨拶し、深々お辞儀をしていた。

そうそう、そうでしたけど、やっぱり落選もする、政権交代したけど、あんな形で挫折する、国民の期待を裏切る、厳しい選挙が続く、有権者に怒鳴られる、蹴られる。最初はもっと簡単に実現すると思っていたのに、度重なる挫折と困難で何回もあきらめそうになってるんですよ。何回も絶望しかけてる。でも、そこでギリギリ踏みとどまって踏ん張って今日に至る中で、覚悟が芽生えて。

その覚悟って、いつ芽生えるものなんですか?

今日、芽生えましたというのではなく、徐々に、しこりのように。しこり(笑)。じゃ、それでもなんでも、あきらめないんですね。

それでもあきらめずに取り組めるか、なんですよ。

小川さんは同じ選挙区に地元の新聞・TV局のオーナー一族である圧倒的に強い自民党議員がいて、これまで選挙区当選は1度しか果たせていない。いつも比例区でギリギリ復活当選し、政治家人生は苦労続きだ。

それでも何度も繰り返して「**あきらめそうになるけど、あきらめない**」と話す。今日すぐに何かが変わるわけではないけれど、なんとか踏みとどまり、あきらめないことを次第に覚悟していく——話したことは「選挙」のことだったけど、小川さんの話を自分のこれまでに重ねて聞いて、その言葉は私の心にガシッとひっかかった。だって私も同じことを考え始めていたから。

今でもありありと覚えている。最初の緊急事態宣言が出たばかりの4月から5月頃、私は近所をやみくもに歩き回っていた。道の両脇の色々な家。空けっ放しの窓。洗濯物がびっしり並んだベランダ。玄関前に乱雑に置かれた自転車。それらを見ては、

「やれやれ、今はどこもみんな家にこもって、大変で、ああ、よかった」と思っていた。

えっ？　なんで？

だって、コロナ禍の前は「大変」なのは私ばっかりで、

「小ぎれいな家に楽しそうに暮らしちゃってさぁ〜、なんだよ〜」

って、やきもちを焼いていた。それが誰も自由に家から出られない、家族がいればそれだけ鬱屈も心配も増える。ギャアギャア喧嘩する声なんて聞こえようものなら、フフフと笑って前を通っていた。ろくでなしですね、私。でも、それだけ絶望が深かった。人生をいつあきらめようか？　そればっかり考えていた。それが唯一思いつく解決方法だから。

でも、人間とは勝手なもので、もしかして来週に死んでしまうかも？と、死が間近に迫ってくると、私は逆に少しずつ生きたい気持ちに傾いてきた。やれるところまでやってみようか。あきらめるのは、ちょっと先延ばしにしてもいい。どうせ死んでしまうなら、これまでやったことがない何かに挑戦するのもいい——そう思うようになっていた。

それで私は締め切りまでほとんど時間がなかった中でも、原稿を心して書こうと思った。いつもとは違うんだと意識をはっきり持った。

記事がアップされると、驚くほどたくさんの人からＴｗｉｔｔｅｒ経由で「面白かった」という感想をもらった。小川さんや前田さん、大島さんからもホメられていい気分でいると、ウェブサイトの編集者さんが「妻の明子さんにもインタビューしたいですよね？」と言い出した。それ！　私もすごく聞きたい！　映画を見て、小川明子さんにはぜひ聞いてみたいことがあったんだ。夫が政治家になると言い出し、その決断に戸惑い、しかし受け入れ、支えてきた。それはどういう選択だったんだろう？　Ｚｏｏｍをつないで明子さんに聞いてみた。

「やっぱり尊敬できますからね。ああいう人が離れたところに居たとしても、応援したい。本当に純粋に国を考えてるって、分かりますから。最初に『挑戦すらしなければ死んでも死に切れん』と言われたとき、誰であれ、口をはさめない、この人はやるんだと分かりました。それなら、この人と自分はこれからもいっしょに生きていくと、自分が選択することになった。子ども２人も加わり、４人の選択になったんです」

そうだよね。そう、こなっきゃ。「自分が選択すること」――私はそれが聞きたかった。あきらめないことを選ぶ人の影に、自分をあきらめる人がいたら、イヤだ。その言葉が聞けて、本当に良かった。

政治が分からないまま大人になった

明子さんへのインタビューで確信めいたものをもらえた気がした私は、小川さんの言葉をさらに聞きたいと思い、いくつかのＹｏｕＴｕｂｅ動画配信を見た。見たのだが、それらは主に政策について語るもので、私にはいささか難しく、よく理解はできなかった。でも、そこでハッとする言葉に出会った。

信頼に足りて、全体調和を設計して説得をし、現世代のみならず、将来世代のためにお互いに合意、納得のうえで一日を刻んでいく。昨日までの今日が明日もまた確実に続くと、そういう時代を確かに手にするための仕組みを、いっしょに考えていきましょう。

昨日までの今日が、明日もまた確実に続く、その時代を確かに手にするための仕組み――私はそれが知りたい！　今までずううううっと、それが分からなかった。私が知りたいことは、それだ。

そう思ったら、すぐに行動する。私は後先をあまり考えない。極端な性格と無鉄砲な行動で、周囲を驚かせる。小川さんの秘書の八代田京子さんに、何度も書き直しながら手紙を書いた。

「私の言葉は薄っぺらく、知識はさらに薄っぺらい。しかし、世の中の大半の人たちは薄っぺらい世界に生きているのが現状だから、私のような薄っぺらい人間が伝えていく意味がある。アマチュアの私にだからこそ作れる本があると思います」

などと開き直って言い放った。小川さんと本を作りたいとお願いしたのだ。

ふつう、政治に関する本というと大学教授とか、政治評論家が書く。政治家と一緒に本を作るとなれば、新聞社の政治記者さんや、テレビや新聞で政治を語る高名な人だろう。相撲や音楽のライター、しかも仕事はあんまりなくてバイトに明け暮れるような人が手を出すものじゃない。当然、一旦はやんわりお断りの返信が届いた。「逆に和田さんにご迷惑をおかけしてしまうんじゃ」という、秘書さんらしい気配りだった。でも、私も、あきらめたくない。

2020年9月。安倍晋三首相が退陣を表明し、次の首相は誰か？ 世間が大いに盛り上がっている時だった。ザワザワと胸が騒ぎ、大きな塊のようなものが私の頭の上にズシーンッと乗ってきた。それをどけなきゃ、身動きも取れない。それが何かも、どうしてそこに居るのかもよく分からない。でも、どうにかしなきゃならないと、焦った。

それでもう一度、「小川さんのお話を伺って本を書きたい」と、手紙を書いた。そうせざるを得ない。そうすることが、どうしても必要だった。目の前にある唯一の希望。それに一縷の望みを託した。

すると、しばらくして小川さんから返事が来た。そこには「**どうぞ思うように、好きなように、おもいきり調理してください**」という言葉があった。玄関先に立ったまま私は、「よっしゃあ」と声をあげた。そうして、本を作ることになったのだ。

2020年11月。私は小川さんの元を再び訪ねた。書籍の編集者さんたちの紹介や挨拶が終わった後、「**それで和田さんは何から聞きたい？　何が分からないの？**」と問われた。ずいぶんと威勢のいい手紙を送ってきた。すらすら質問が出てくると思っていただろう。でも、私は想像のはるか上を行くのだ。

「自分が何が分からないのかも、どこから考えたらいいのかも、まったく分からないんです。自分がどうしたらいいか、どうすべきか、何も分からなくて、だから、ここに来たし、何ということは今、具体的には言えません」

そう、堂々と答えた。私は真っ暗闇の中を、ずっとひとりやみくもにジタバタしてきた。何が不安で何が怖いのか、まったく見えていなかった。見えてないものを質問することはできない。

小川さんは驚いた顔をして言葉につまり、下を向いた。あれほど雄弁な人に言葉を失わせる私って、すごい。……て、違う！

小川さんはそのましばし苦悩した様子で（ホント、すみません）、それから私を見て「**和田さんが何に困っているか、不安に思っているかを、まずはゆっくり考えて具体的に書き出してください**」と言った。そして、「**そこからいっしょに考えましょう**」とさらに言い、席を立って、奥にある部屋から3冊の本を持ってきてくれた。

1冊目は小川さんが2014年に出した政策集『日本改革原案 2050年 成熟国家への道』（光文社）。そして「**前も話したと思うけど、スウェーデンの教科書です**」と、『あなた自身の社会 スウェーデンの中学教科書』（アーネ・リンドクウィスト、ヤン・ウェステル、川上邦夫・訳／新評論）と『スウェーデンの小学校社会科の教科書を読む』（ヨーラン・スバネリッド、鈴木賢志＋明治大学国際日本学部鈴木ゼミ・編訳／新評論）を見せてくれた。

「**この3冊は読んで。それで気になったことを書きだしてもらって、そこから話しましょう。スウェーデンの教科書の本を読むと、何が問題か？ 見えてきますよ**」

そうアドバイスしてくれ、私は「はい、読みます！」と明るく返事をし、反省するどころか、逆に嬉しい気持ちになっていた。

「何言ってんだ、この人は？」と訝しく思われるかもしれない。でもでも、このときの嬉しい気持ちは正しかったと今も思う。小川さんは言っていた。

国民と政治家が車の両輪として、お互いに頭を打ったり、膝を擦りむいたり、けん引し合って成長し合っていくしかない。だから時間がかかるし、一筋縄ではいかない、ということを覚悟して欲しいです。一夜明けたら、世の中の矛盾や理不尽さ、不平等がすべて綺麗になっている……なんてことはないからあきらめてしまいがちだけど、でも、そうじゃない。

広大な草むらで毎日1本ずつ草を刈るような作業だと、覚悟してゆくことです。

思考する訓練がぜんぜんできていなかった、一筋縄ではいかない私を小川さんは見捨てることなく、時間がかかることを覚悟し、じゃ、どうしようか？を考えてくれた。私という日本に住むひとりを信用してくれた。それを実感することができて嬉しかった。

それに、これから本を書く一ライターとして「滑り出し上々」などと、ひとりニマニマしてもいたのだ（いやらしい！）。

帰り際、小川さんは「**不安の原因が分かると、それだけでも少し楽になるから。病気でもそうでしょう？　原因が分かると少し安心する**」と言った。その後、実感することになるその言葉に、そのときはまったくピンときていなかった。

そして、「**いい本にしましょうね**」とも言った。びっくりした。何一つ準備してこれない、いい加減な私に？

「ありがとうございます、よろしくお願いします」と答え、私も深々頭を下げた。

ここから日本に住む人である私と、国会議員の小川さんによる、広大な草むらで毎日1本ずつ草を刈るような作業が始まったのだ。

コラム

赤えんぴつで殴り書きした不安

始まったのだ、と力強く言いながらも実際にはなかなか始まらず、家に帰ってきてから本も開かず寝てしまったのは、凡庸な私としては当然のことだろう。

と、唐突に書いてるこのコラムでは、私がいかにして政治と社会を学び、悩み、考え、葛藤し、民主主義へと到達していったかを中心に、多少アハハハと笑いながらお見せしたい。

それで私は小川さんに会った翌朝、秘書の八代田さんに「企画も何も組み立ててなくて、小川さんに考えさせるという傍若無人さ。呆れ果てられてないといいですが。勉強し直して連絡いたします」と、メールした。

すると八代田さんからソッコーで「小川が『まさかノープランで来るとは!』と笑っていましたよ」と返信が来た。ガーン! 慌てて「驚かせました。ごめんなさい。しかし、伝説を作ったということで。ぺこり」などというしょうもない返信をした。するとまた八代田さんから「お気になさらず。和田さんのペースでがんばってください」という返信が来た。

今回の本作りで、八代田さんと私は日々こうしたメールを山のように交わした。それにどれだけ支えられたか。これぞシスターフッド！とか私は勝手に言っていたけど、お忙しい中で常に思いやってくださった優しさに心から感謝している。

まずは小川さんが自身の政策をまとめた『日本改革原案　2050年 成熟国家への道』を読むことにした。2014年に書かれた本だ。右手に赤ペン、左手に付箋を持って気になったところにどんどん印をつけていく。

「本当のことを言う政治家。それを初めて聞く国民。両者の新たな信頼の絆を結ぶことはできるのか」

力強い言葉で始まる本はしかし、最初に読んだとき、何が何だか分からなかった。字面は追えても、頭に入らない。数ページ読むと、別のくだらない妄想が頭に浮かぶ。こうした政治の本を、これまでまったく読んでこなかった。ひととおり読み終えても、頭に何も残らず、付箋は付けられず、赤ペンは引かれず。今思えば、私は自分で考えようとしていなかった。こちらは税金を払っているのだから、頑張って考えて、教えてくださいな、それがお仕事でしょう？とばかりに、小川さんにだけ草を刈らせ、自分は広大な草むらの向こうで優雅にお茶をしていた。

そうこうしているうちに八代田さんから、小川さんがコロナに罹ったという報が届いた。心配しながらも、『日本改革原案』は「しばらくお休みだろうから」と、手元から離れてしまった。私は難問にブチ当たると逃げる、後回しにする。仕事でも人生でも。このときも、そうやって一旦は逃げてしまった。

とは言え、本は作りたいに決まっている！　私の頭の上には正体不明の大きな塊が乗ったまま。それをどかさないと、身動きが取れない。それに、コロナ禍という苦しい時間の中においてこそ、これまで挑戦してないことをやってみたいと思っていた。それができたら自信となって、これから先も生きていけるかもしれない。ぼんやりと、いや、確かにそう感じていた。本を作ることそれ自体が、私にとって生存をかけた戦いのように思えていた。

しばらくして、もう一度『日本改革原案』を読んだ。スウェーデンの教科書を元に編んだ2冊も読んでみた。それでもまだ、何もつかめない。どうしたら分かるんだろう？　鼻息は荒くても、素人の私が政治の本を作るなんて、やっぱり無理なんじゃ？　本の全体像は濃い霧の中。居ても立ってもいられない気持ちが募る。

そこでやっと「そうだ！　まずは自分の問題、不安なことを具体的に書き出せばいいんだ」と思い出し、慌ててA４のコピー用紙に目の前にあった赤鉛筆で思いつくまま殴り書きした。「安心させてくれない」「信頼できない」「ウソが許される」「公営住宅が少ない、家賃が高くて住み続けられない」「働いても時給が安い」「言葉が届かない」「女性差別があたりまえ」「貧困がおいてけぼり」「早く死んだ方がいいように思える」「年金が払えない」「健康を守ってもらえない」……私の不安は主に社会保障と働き方、住宅に関して、さらに政治そのものへの不信からのものだった。

書き出すと自分の不安や問題点が具体的に分かった。それでもう一度『日本改革原案』を読むと、今度は理解が進み、赤ペンも付箋も大いに役立った。不安をしっかり自分で把握し、それに関連する提案（政策）であれば、関心を持って能動的に読み込める。当たり前のことに気づいた。小川さんが本で提案する政策とすり合わせ、テーマごとに質問を立てていこう。

そして、今度は細かく読もうと取り組むと、はて、この本の根拠が正しいのか否か、これだけ読んで「そのとおりです」って言うわけにはいかないだろう？と思った。いや、小川さんを疑うのではなく、そういうものでしょう？　問題の背景や他の人がどう考えているとか、どうしたら分かるんだろう？　ここからまた、しばし茫然。この頃は、茫然とする時間がやたら長かった。何せ今までやったことがない分野に取り組んでいるのだから、仕方ない（ということにする）。

その答えは、これまでライターとしてやってきたことと同じだと気づいたのは、茫然としていた時間の中だ。そうだ、本を読めばいい。相撲について書き始めたとき「ネットだけ見て書いてるライターさん」と揶揄され、国会図書館に通って江戸時代以前からの相撲の歴史を学んだ。同じことをしよう。それから私のひたすら読書タイムが始まった。私もまた「愚直に」読み続けるしかない。が、そう簡単にはいかない。時間だけが過ぎる。焦って焦って、息もできないようだった。

それでも小川さんに再び会って話を聞く日は近づき、私の生活上の不安や悩みにつなげた、思うままの質問を書き出した。全11ページ。ありのままの私は焦点がぼやけ、まとまりがなく、ゴムの切れたパンツのようにユルユル（表現力のなさよ……）。迷ったまま八代田さんにメールした。「こんなド暗いものを小川さんに送りつけていいのか分かりませんが、よろしくお願いします」自信なさげに書いたら、八代田さんが私を励ます言葉をたくさん返信してくれ、最後に「和田さんが安心できる言葉、ビジョンを小川が示せるか？　それができないようなら総理大臣にはなれません」とあった。

わあぁ。すごい。そうくるか。私に確信をくれた。私の不安をぶつければいいんだ！　そう思ったが、逆にそれもあって質問のユルさがどうにも気になった。私の不安って、こんな生易しいっけ？　小川さんの政策はこんな無邪気だっけ？

それで2日間ずっと悶々とし、どうにもできず、とりあえず数時間寝て、朝5時にガバッと起きて、急速に目次を作って本の全体像を構築し、そこから端的にまとめた質問を11問ひねりだした。今見ると漠然として拙い質問だけど、そのときはそれが全力。政治記者なら30分もかからず、1万倍上等なものができるだろう。ここに至るまで、1カ月以上かかった。私はやっと入り口に立ったところだった。

第2章

耳タコの人口問題が生活苦の根源

いよいよインタビューとも議論ともディスカッションとも違う、仮に〝面談（小川さん曰く「デスマッチ」）〟と呼ぶものが始まる。私の不安を思い切りぶつけたい所存だが、私には知識も技術もない。たとえば掛け投げとか内無双（うちむそう）とか（相撲たとえ）、そんなことはできない。できるのはひたすら押すことのみ。精一杯押して、押していく。ただ、それだけだ。できたらみなさん、私の背中を押してください。よろしくお願いします。

ポストコロナの最重要課題は「人口問題」

小川さんの政策集『日本改革原案』の最初に語られ、私が「何が分からないかも分かりません」宣言をしたときから、小川さんが何度も何度も、私に繰り返し語った日本が抱える大きな課題から、話を始めたい。

それは「**日本の政治が行き詰まっていること、これからの政治を誰も描き切れないことの根本原因**」であり、イコール、「**コロナ後の政治を考えるにあたって、いちばん大きな根源的な問題**」なんだという。

いきなり大きなテーマだ。でも、根源的な問題を知らなければ、何も始まらない。

一体、それは何ですか？

答えは、「人口問題」だ。

小川さんは子どもの頃からお父さんに「将来は官僚になって国の役に立つ人になれ」と言われて育ち、その通りにするという、私からしたら信じられない優秀さだが、地元・高松にいた高校生、そして東京に来た大学生の頃から「**日本社会の何が問題で、どうすればいいのか？**」を考えていたそう。

大学を卒業し、自治省（現・総務省）に入省し、沖縄県庁〜金融庁〜自治体国際化協会ロンドン事務所〜春日井市役所と勤務するうち、「**このままの延長線上で日本社会が続いていきようがない**」という、ある種の閉塞感を抱くようになる。その漠然とした行き詰まる感覚の正体が分からないまま政治家となり、「**何かが限界に差し掛かっていて、どうにかしなければという漠然とした不安と問題意識**」が大きく膨らんでいった。

それに答えが見えてきたのは、小川さんが政治家として2期目を迎えていた2010年前後。当時の人口構成図、さらに1965年の人口構成図、未来の2055年の人口構成予想図を見て、「ハッ」としたそう。

2010年頃の人口構成図はひょうたん形、1965年は正三角形、未来の2055年は逆三角形。つまり、100年の間に人口構成は逆転し、若者が多い時代から、超高齢化の時代になる。さらにもう一つ、決定的な図に出会う。それは2011年2月に発表された「国土の長期展望」

人口構成図（1965年、2010年、2055年）

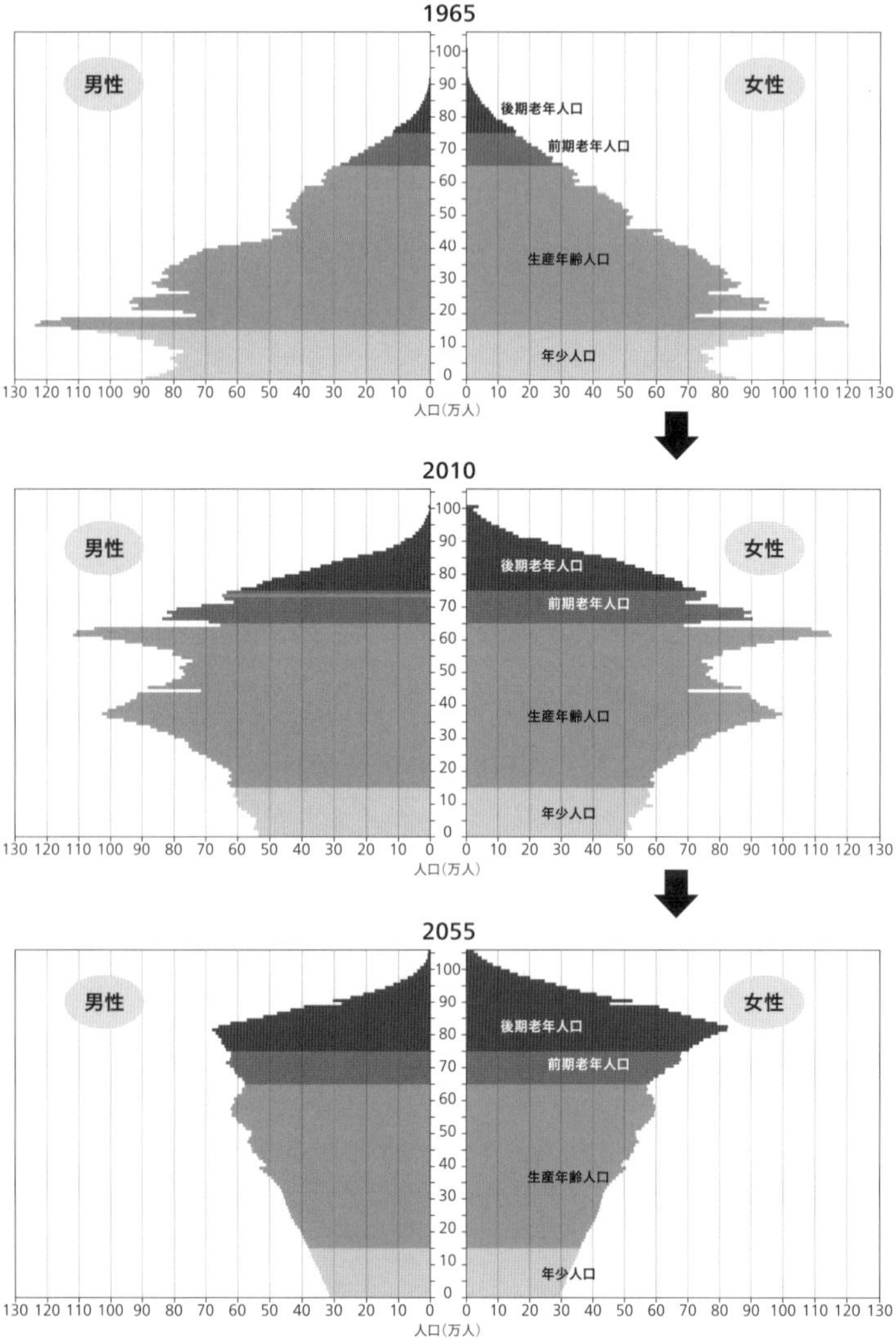

資料:1965～2015年:国勢調査、2020年以降:「日本の将来統計人口（平成29年推計）」

のなかの「我が国における総人口の長期的推移」。

これを見て、長年抱いてきた「閉塞感」の正体は「人口問題」にあると確信する。

「人口総量が減少に転じ、そのペースが加速していること」と「年齢構成である人口構造が激変していること」（『日本改革原案』）だ。


「えっ、人口問題ですか？」

最初聞いたとき、思わず聞き返してしまった。人口問題——少子高齢化と人口減少については何年も、テレビや新聞などで見聞きして、耳にタコだと思ってきた。人口が少ない方がいいことが多いんじゃないの？ 医療費や教育費の無料化などがやりやすくならない？ 何がどう悪いの？ 理由が分からず、腹が立ったりもしていた。


心がついてこれないかと思いますけど、まず頭で理解することから始めましょう。これは世界史上、最難関の政治的課題で、古今東西いつの時代にも例がない、人類が初めて向き合う課題です。

とはいえ、日本はたまたまトップランナーなだけ。世界もやがてその局面を迎えます。かつて経験したことのない高いハードルに挑むことになり、それを乗り越えられるだけの政治的な力量がないと社会は破綻する局面だと思うので、そう簡単な話じゃない。ただ、心がつ

我が国における総人口の長期的推移

我が国の総人口は、2004年をピークに、今後100年間で100年前（明治時代後半）の水準に戻っていく。この変化は、千年単位でみても類を見ない、極めて急激な減少。

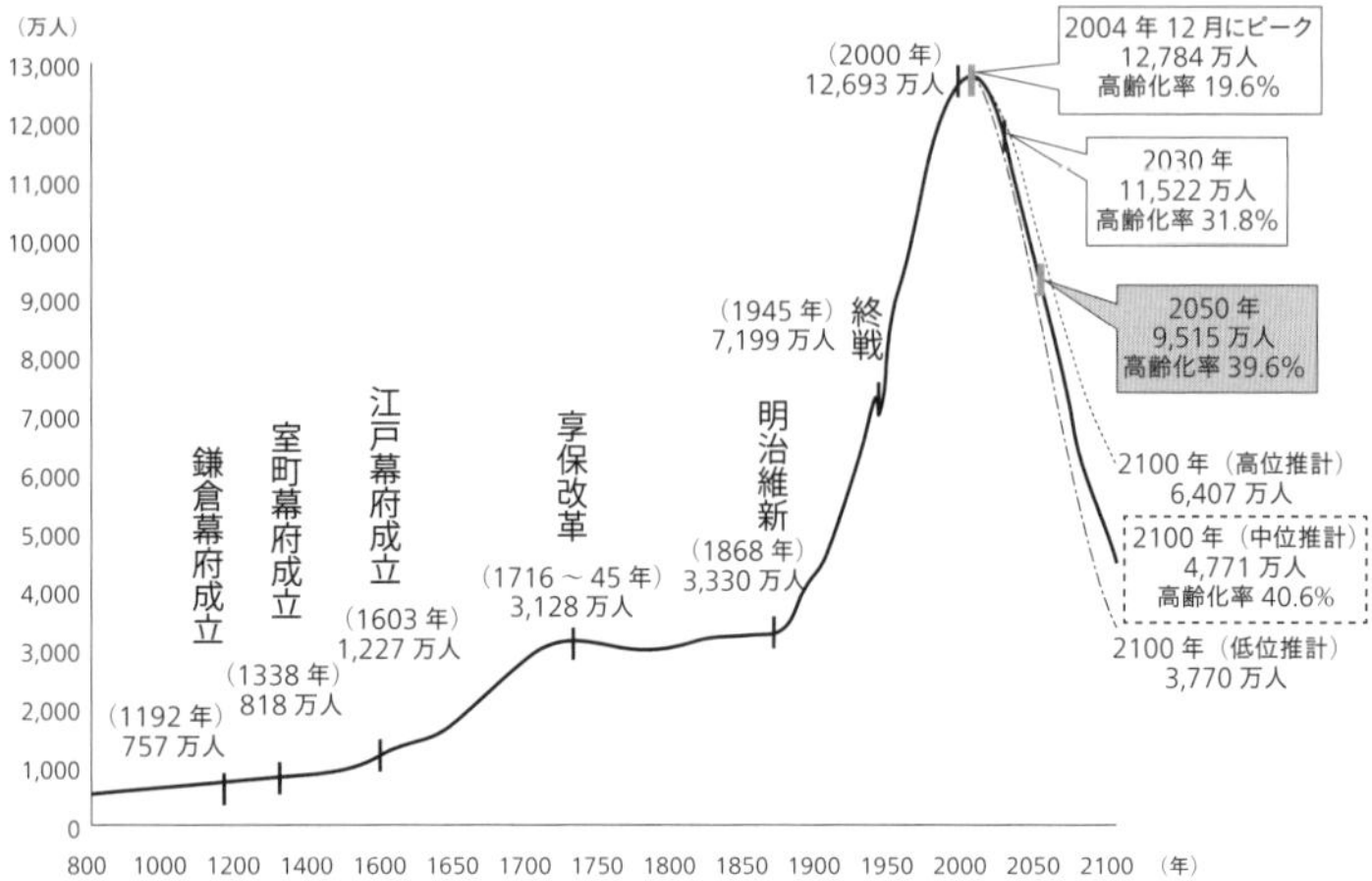

出典：「国土の長期展望」中間とりまとめ 概要（平成23年2月21日国土審議会政策部会長期展望委員会）

いてこられるトータルなプランを描きたいと考えています。

小川さんは「我が国における総人口の長期的推移」の表を示しながら話す。１１９２年——いいくにつくろう鎌倉幕府の頃から、私はもうこの世にはいない２１００年頃までの日本の総人口の移り変わり。

日本の人口は鎌倉時代で７５０万人ぐらいになり、４００年後の江戸初期で１２００万人。それが江戸時代で天下泰平の平和な世の中になると新田開発が進んで米を増産する経済成長が起こり、人口は２倍強の３０００万人まで増えます。でも、3000万人以上は増えないんですね。何故か？　日本は狭いし、山がちだから、耕せる田んぼに限りがある。米の増産は抑えられ、増産が止まると人口増大も止まる。つまり経済成長と人口増大は切っても切れないものだということが分かります。

　そして、人口が減少した享保年間には、コメの供給が需要を上回ってしまい、コメの値段が下がりました。今でいうデフレ状態です。

　そこで、暴れん坊将軍の徳川吉宗による「享保の改革」が行われました。吉宗がやったことは、金貨や銀貨の質を落として増発し、世の中に出回る通貨の量を多くしたんです。これで、不況の緩和を図りました。今の金融緩和と同じです。

　つまり、人口の増大が止まれば経済成長も止まる。デフレになり、そこで行財政改革を行い、金融緩和する。今とまったく同じことが江戸時代に起こっていました。

その後、江戸末期には干拓事業が盛んになり、農地が増え、人口は再び増え始める。とはいえ、この時代の人口は増えても減っても、たかが知れている。

　それが江戸から明治になり、政治体制が変革された。産業革命によって石炭という化石燃料を掘り起こして燃やしてばく大な生産力を獲得し、江戸末期に3000万人しかいなかった人口は急速に増加します。第二次世界大戦の頃に7000万人を超え、1967年には1

億人を超える。

大きな生産力で自動車からウォークマンまで作って輸出し、食料を大量に輸入して人を養ってきた。でも、人口は2004年に1億2808万人でピークを迎え、その後は急速に減少に転じます。2020年になると総人口は40万人ほど減って、僕の地元の高松市が毎年ひとつなくなっているに等しいスピードです。しかも、この先止まりません。毎年やがて50万、100万の人口減少が数十年続きます。

でも、人口が急速に減ると何が問題でしょうか？　元々3000万人だったら、そこまで減っても問題ないんじゃないですか、というのがここで最も聞きたい問いだ。

具体的に言うと、人口が増えている時代は人口が増えるに従って経済は成長し、税収は毎年のように上がります。今年は何に使おうかな？と悩めばよかった時代。それが今、人口が猛スピードで減っている。すると経済が成長することを前提に政策の基本を置くことはできないし、税収も厳しくなる一方です。いったいどういう国民負担のもとに社会構造を築いていけば、全ての人が安心して暮らしていけるのか？　社会への信頼や絆を失わずにいられるのか、そこに専念して議論しなきゃいけない時代に入ったわけです。

……そうか。1965年に生まれた私は「経済成長が当たり前」と聞かされ大人になったけれど、急激な人口減少の今、もう成長は望めない。なのに、いつまでも成長、成長とお題目のように唱えては叶えられず、日本全体がもがき苦しみ、それが大きな閉塞感を生んできた。小川さんの言う「根本原因」とは、そういうことだ。人口減少を書いた本には、「私たちはちょうどジェットコースターが落下する位置に立っているように見える」(『人口減少社会のデザイン』広井良典/東洋経済新報社)という言葉も見つけた。まさに崖っぷちに立っている。不安になるの、当たり前じゃないか。

そうです。いちばんしんどいのは、社会の激変期です。僕は1971年生まれで、人生の前半を日本で最後の人口上昇曲線の中で過ごしてきました。そして80歳で死ぬとしたら、人生の後半は史上初の急激な下降曲線の中で生きます。

だから、長らく上昇曲線の中で作られた政治と社会を、下降曲線に耐えられるものに作り替える、その歴史的な使命と世代的な宿命を背負っているんです。その認識、歴史観、政治観、社会観の下に歩んでいかなきゃいけないと思っています。

熱く語る小川さん。史上初の大きな人口下降曲線という、巨大な滑り台を転げ落ちそうな自分をしっかり認識したい。そこで、まず、何が起こってきますか?

戦後まもなくしてできた、日本の社会保障制度が問題になります。当時は現役世代が大勢いて、高齢者は少ない。年金の掛け金は1カ月100円から始まり、少ない負担で数少ない高齢者を十分に安心させることができた時代でした。それが現在では現役世代よりも高齢者の方が圧倒的に多い。そして子どもたちが少ない。さらに30年後には高齢化率は40％にもなります。一応ここで状況は落ち着くはずですが、人口構成で言えば、ほぼ逆三角形ですね。1カ月100円の掛け金の時代に作られた社会保障制度が、この逆三角形の時代に向かう中、もつわけがないじゃないか？　と。そのことをどの政治家が、どの政党が、国民へ真摯に説明し、その責任をおっかぶる覚悟で、新たな提案をできるのか？

この「人口問題」が社会や政治の行き詰まりを解消する根本だということの、それが基本的な認識です。

厚生年金制度に後れて国民年金制度は1961年に設立され、当時の掛け金は35歳未満なら1カ月100円！　その後、掛け金は毎年上がって、私が20歳になった1985年は6740円。1993年に1万円を超え、現在（2021年7月現在）は1万6610円だ。

正直私は満額払えたことがほとんどなく、延滞や免除を繰り返しては自分の不甲斐なさに失望し、罪悪感に苛まれてきた。本当にごめんなさい。なのに、こんなに大事なこと、私たちは誰か政治家から聞かされたことがある？　私がぼんやりしすぎ？

年金と人口構成の問題は、2012年2月の予算委員会での質疑で小川さんはすでに取り上げて危機を訴え、当時の野田首相も「共有する認識」と応え、社会保障と税の一体改革を推し進めるはずが、民主党政権は瞬く間に倒れてしまった。

その後、年金の制度は安倍政権に於いて積極的に改正されることはなかった。安倍前首相は年金制度を自著『新しい国へ　美しい国へ完全版』（文藝春秋）で、「国民年金はいわば、どこの民間の老後保険よりも、安心、確実で、お得な老後の備えなのである」と言い、しかも2009年からは年金の給付額の半分は国が補填するんだからよりお得と言っていたけど、いわずもがな税金は私たちが納めたもの。さらに、私たちが納めた年金を運用する「年金積立金管理運用独立行政法人」は、株式市場で運用損を数兆円規模で何度も出しているのに、「アベノミクス」を支える株価の安定上昇を作りだすため、株式市場への資金の投入を止めることはなかった。私たちの年金が使われてきたんだ。

そして、年金だけではない。人口減少問題は様々なところに影響するという。

人口1億2000万人仕様で整備されたインフラ、すなわち道路、橋、上下水道、空港、港湾、公共施設、そうしたものも維持できるのか？　費用はだれがどう賄うのか？　国の借金、政府債務の国民一人あたりの負担もどんどん増えてきます。

水道管や高速道路、すでに工事が始まっている部分があるものも、思わぬところからまだ見えていない負担が生じるかもしれない。「**コロナ後の政治を考えるにあたって、いちばん大きな根源的な問題**」と、小川さんは人口問題を捉えているけど、コロナ禍ではこれまで隠され、見て見ぬ振りをしていた問題がパンドラの箱が開いたように次々と噴出している。噴出したことで認識が大きく変わっていい方向にいくこともあるから、この問題もまず、認識することが大事だ。

大きな閉塞感を生み、私が心配する年金の問題にも大きく関わる日本の根源的な問題は、私の不安の根っこでもあるんだと分かった。私の不安は日本の不安とつながっている。いきなり大きな課題が、私の前にドンっとそびえ立った。

「コロナから国民を守ります」ぐらい言えないのか

コロナの世界になって早1年以上（2021年7月現在）。日本でもワクチン接種が始まったものの、とたんに足りなくなったりと、混乱が続く。海外に住む私と同年代の友人らはこれまで当たり前のようにPCR検査を受け、すでにワクチンを2度打ち終えている。日本とは大違いだ。

私は元々風邪を引きやすい体質ゆえ、2020年は何度か大きな風邪を引いてコロナを疑い、病院ではPCR検査を受けられず、仕方なく1週間ぐらい家に引きこもり、不安なまま「この国は何なんだろう?」と思ってきた。最初からずっと無策。行き当たりばったり。注視するとか緊迫感を持ってとか言うが、当たり前の検査ひとつ受けることもできない。誰も責任は取らないし、総括して反省することもない。生活に困窮する人は増大しているのに知らん顔をし、オリンピックなら何が何でもやる。そして、「安心してください! 私たちがコロナから国民を守ります」の言葉もない。

この1年の間に、日本はこれほど後進国になったのかと国民は悩み、衝撃を受けていますよね。ワクチンは打てない、検査は拡大できない、医療提供体制も強化できていない。本来ならば結果が出なければ辞任する覚悟、退路を断って是が非でもやり遂げるという迫力で国民に伝え、お願いすべきなのに、その都度ゴールポストを動かしては後追いするだけ。国民も1年もたてば慣れっこになる。ことさら何も伝わらないのだから、緊急事態宣言だと言われても行動変容には至らない。

本当にそうだ。科学的データを集めて分析し、それに基づく知見に沿って、県庁一丸となってコロナ対策に臨んでいる姿を見せながら県民に協力を訴えかける和歌山県知事とか、「コロナ対応強化が不十分なままでの五輪開催反対と、聖火リレー中止の検討を」と、記者会見で発言した島根県知事とか、地方の自治体の長の方がよほど素晴らしく、住んでる地域で差が大きい。

Ｔｗｉｔｔｅｒで誰かが「和歌山県に移住したい」とかポツリつぶやくのを見ては、私は都民の自分を恨みたくなった。

世界中に、自治体や民間のやることを後追いしてるだけの国は他にありませんから。

ガーン。本当にそうだ。恥ずかしくさえなる。

コロナ禍の始まりの頃、「パンデミックが変える世界～台湾・新型コロナ封じ込め成功への17年～」（ＮＨＫ／２０２０年6月）という番組を見て、台湾でコロナ対策の陣頭指揮に当たった陳建仁副総統（当時）の言葉の数々に、私は驚いた。陳副総統はアメリカのジョンズ・ホプキンス大学・公衆衛生大学院で博士号を取った人で、２００３年のＳＡＲＳ流行の苦い経験を生かしている。当時、市民は政府を信じられず、ＳＡＲＳ感染で台湾は大パニックになった。

ところが今回は、市民が政府を信頼してパニックには至っていない。

台湾政府は２０１９年末に、中国で医師たちがネット上で新しい肺炎の話をしていることを確認すると、すぐに武漢から入国する人の検疫を世界に先駆けて強化、水際対策を敷いた。陳副総統は「民衆と当局が同じ側に立つことで防疫が成功する」との信念を持ち、毎日記者会見を開いて専門家がすべての疑問・質問に答える体制を作った。日本でも有名になったデジタル担当大臣のオードリー・タンさんが情報発信に力を入れ、ユーモアを持ってコロナ対策を伝えた。

さらに誰がどこへ行って誰と接触したか分かるデジタル・システムを構築して徹底しつつ、その管理は非営利団体がする。プライバシーの保護と管理を積極的に伝え、市民の信頼を得ることがコロナ対策ではキーだと言っている。

公衆衛生学のプロである陳副総統は、「知恵を持って科学的な研究を続け、慈愛の心で積極的に助け合う」ことが大切だと笑顔で言い、続けて、「人類の未来に誠意を持ち、愛情を持って助け合うこと、そして忍耐強く取り組むことです」と言うのには泣けた。私はあまりにうらやましくて、なにかというと録画してあるこの番組を見る。日本とのあまりの違いに、愕然ともする。

こういう危機のときに必要なのはスペシャリスト（専門家）の知見や技術と、広い視野を持って全体を判断できるゼネラリスト（まとめ役）の決断です。それは常に進退をかけないといけない。この2つがうまく組み合わさったとき、初めて対策は有効になります。今の政権には政治家としての見識を持って、一身を賭して国民を守るという気概は見えてきませんよね。ただ政権の支持率を守りたい、延命を図りたいだけで、そこからはとてもそんな迫力は出てこない。これは、なぜ彼らは政治家をやっているのか？の根っこに関わる問題だと思っています。

小川さんはオンラインでの対話集会に参加してくれたニュージーランド在住の方からもらった

手紙のことも、教えてくれた。

ニュージーランドではロックダウンをしてもアルバイトを含めた所得が減る全国民に半年にわたる補償を出し、国民が耐え、感染はゼロになり、旅行や会食、みんなが集まることも自由になったんだそうです。ところがあるとき、陽性者が出た。どこからウイルスが出たのか？と国民が懐疑的になったとき、ウイルスの遺伝子解析をして感染経路を調べているニュージーランドでは、すぐにアーダーン首相が説明したそうなんですね。帰国者が2週間隔離されているホテルでボヤが出て、近所の公園に避難したとき、たまたま近所の人と会話をしたら、そこで感染者が出たと。首相は会見で『帰国者と一般の人たちを同じ公園に避難誘導させたのが誤りで、謝罪したい』と言ったそうです。

一事が万事こうした言葉と姿勢なら、国民は政府についていこうと思うでしょう。ニュージーランドでは医療従事者も、退職者を再雇用して体制を強固にしています。国と国民との間に信頼関係があり、お手紙をくれた方は『こんな国に住めることに感動で涙が出ます』と書かれていました。

謝るとか、信頼するとか、慈愛とか、決意とか、コロナ禍に於いて日本の総理大臣からは聞いたことも感じたこともない。逆に私たちの命が軽んじられているとさえ感じる。この国は後進国になったというより、国として崩壊しているんじゃないか？　それを考えると、寒気がせずにはおられない。このままこの国に暮らすことが、不安でたまらない。コロナ禍は、日本の課題をありありと私に突きつけている。

賃金が上がった、景気が良くなった、と言ってたけれど

突然だけど、「統計不正」問題をいま一度考えたいと思う。

2018年に発覚した、国の経済政策の指標となる「統計」を、厚生労働省が不正に歪めていた事件だ。主に賃金や労働時間に関する統計のデータを歪め、当時の安倍政権が目指した「賃金の上昇」が果たせたかのように見えた。事件の陰には、安倍政権への「忖度」があったのではないか？　とも疑われている。

統計不正は最初、福岡に本社がある西日本新聞がスクープした。その新聞にあった文言を借りて、事の重大性を認識したい。

「そもそも一国の経済運営とは、視界の悪い悪路を、バックミラーを頼りに運転するようなもの。今回の不正発覚で、日本政府のバックミラーは曇りがちだっただけでなく、ゆがんでいたことが分かった。これでは、よかれと思ってやっている政策が、経済に悪影響を及ぼす可能性さえあ

る」（西日本新聞／2019年2月17日）

統計は国家の屋台骨を作る基礎だという。それを歪めてしまうとは、国を転覆させるような行為。統計が正しくないとしたら、民主国家として終わりという人もいる。

これ、会社に例えると、売り上げや働いている人の労働時間などの数字を勝手に変えること。給料やボーナスだってメチャクチャになるし、辞めた後の雇用保険や、仕事上の怪我などで支給される労災保険も減額される。そんな会社で働きたくないですよね？　でも、私たち、そんな国に住んできたんです。どんなものだったのか、少し見ていきましょう。

不正は2018年暮れになって、大々的に報じられていく。厚生労働省がまとめる「毎月勤労統計調査」の不正が見つかったのだ。

2018年暮れ、統計不正の報に接したときは、まさか！　またか！　こんなところでもか！と思いましたが、アベノミクスの本丸はGDP。以前からこれは、かなりかさ上げされているだろうと見ていて、胡散臭いなぁ、なんかきな臭いなぁとずっと思っていました。いつか統計操作を国会で取り上げたい、そのチャンスを探らなきゃいけないと思っていたら、そこへ勤労統計の不正の話が出てきたんです。

当時、国会でこの問題を追及する野党の中心に居た小川さんは眉をひそめて言うが、「アベノミクスの本丸はGDP？　それ、何ですか？」と、初歩的なことを聞きたくなりますよね。まずは思い出しましょう。

2015年9月、自民党総裁選で再選された安倍首相（当時）は「アベノミクス第2ステージ」をブチ上げた。当時の景気を考えればとうてい叶わないであろう「戦後最大の国民生活の豊かさ」を謳った、GDP600兆円達成を「新三本の矢の、その1」に据える。

念のために記すと、GDPとは「国内で生産されたモノやサービスの総額から仕入れや流通の金額を差し引いたもの」で、シンプルに言えば一国が儲けた金額。経済状況の良し悪しが分かります。

それで、当時の日本のGDPは500兆円に届かないぐらい。これを600兆円にするには、ありえないほどの経済成長が必要になる。私たち全員があんまり寝ないで、1日12時間ぐらい働いたら可能かもしれない。

ところが、突然にGDPが増える。2016年12月8日に内閣府が発表した15年度のGDPの数値は、532兆2000億円。600兆円には届かないけれど、とんでもない伸びを見せた。これについて小川さんは当時、国会でこう述べている。

勤労統計に端を発した今回の統計不正について、まさにアベノミクスの成果の偽装ではないかとの疑いは拭えていません。そして、この疑惑の本丸はGDP統計です。政権交代後、2013年から具体的な検討に入ったGDPの推計手法の見直しにより、2015年のGDPは、それまでの500兆円から532兆円と、一夜にして31兆円ものかさ上げが行われ、名目6%以上もの成長がなし遂げられました。（根本匠厚生労働大臣不信任決議案趣旨弁明）

一夜にして！って、恐ろしい。ちなみに、ここで言う「推計手法の見直し」とは、ことごとく「GDPの押し上げ」につながるもので、「押し下げる」要因は除外された。GDPを算出する基準そのものが値を上昇させる要因ばっかりに大幅に変更され、従来の基準で計算すれば500兆円なのに、魔法のように増えたというわけだ。

31兆円て、サラリ言うてますけど、2020年度に日本中みんなから集めた消費税総額だって21兆9714億円だから。とんでもない額だって理解してほしい。

再度、国会での小川さん。

統計は、過去との連続性が命です。統計手法を変えるのであれば、客観的、専門的見地から議論を重ねなければなりません。同時に、統計に手を入れたのであれば、なぜ手を入れたのか、どこにどのような影響が出るのか、十分な説明責任を果たさなければなりません。ましてや、統計の変更による数値のかさ上げを、あたかもみずからの政策の成果であるかのように宣伝し、誇張することは許されず、政策的にも道徳的にも間違った対応であることを強く申し上げておきます。

統計とは、その折々の状況に合わせて調査する対象などを変えるならば、その理由などを明らかにしないといけない。

たとえばフィギュアスケートでトリプルアクセルの点数付けを、「踏切、回転数、着地」で計算していたのを、審査員の好みで誰か特定の選手を勝たせたいばかりに、「衣装、足の長さ、髪型」で点数付けするよう変更し、点数爆上がりになりました、なんてのは許されないでしょう？

なのに、ここでは十分な説明もないまま、ひたすらGDPが上がるための統計変更が行われ、その結果GDPは爆上がりをしてアベノミクスは成功している、万歳～万歳～と報じられていた。

しかも、そこに関わっていたのは中江元哉首相秘書官（当時）と言われている。中江氏が厚生労働省の姉崎猛統計情報部長（当時）らに、統計について「どうにかしてよ」とあれこれ言っていたらしい。でも、誰一人大臣は辞職に追い込まれていないし、処分されたのは厚労省の22人だけ。民主国家として終わりだ、と認識されるような不正が疑われながら、そんな結論で終わった。

この十数年、こうやって何かあっても大臣や閣僚が辞任に追い込まれるとか、めったにない。いったい何なんだろう？

難しいのは表面上、問題ではないところです。でも、裏に隠された意図があり、隠蔽を強いる政権の姿勢が潜んでいるから、それをあぶりださないといけない。森友でも加計でもそうでしたけど、彼らがペラペラと吐くうすっぺらい言葉の中には完全な違法性や完全なウソはない。そこが巧妙で、世の中にその思惑と邪念が毒のように回っているんです。

毒のように世の中に回っていること、実感する。２０１４～２０１７年、安倍政権下で統計不正が行われていた当時のニュースを思い出すと、アベノミクスは成功し、賃金は上がり、個人消費は回復していると喧伝されていた。でも、そんなこと、実感できましたか？　ないですよね。私の暮らしは日々苦しくなり、不安は大きく膨らむばかりだった。私の苦しみの裏でこんなことが行われ、何も知らないばかりに自分が悪いと思い込み、自分を責めていた。でも、決して、私の責任だけじゃなかった。社会は不景気にどんどん傾いていた。不安を大きくしたのは、政治だ。政治を見る、知る、考える。統計不正のようなこんがらがった難しい問題も、そのままスルーせず、丁寧に調べてみる。その大切さを、私はこの問題から学ぶことができた。責任は政治と社会にあった。私が悪いと、ただ自己責任に自分を追い込むことなかれ。それをみなさんとも共有したい。

ちなみに中江秘書官はその後、財務省の関税局長になり、２０２０年7月に退官した。

コラム

分断はそれぞれの心の中にある

7年半にも及ぶ長期政権を担いながら、2020年8月に健康上の理由であっけなく辞任を表明した安倍晋三・前首相については既に多くの専門家が物申していて、お腹いっぱいかもしれない。でも、もう一度、安倍政権が遺したものとどう向き合うべきかを考えたい。

実は何度も重ねた面談を通じ、私と小川さんは最初にこのテーマで大きく意見がぶつかった。それでとても悩んだけれど、逆にその後の対話の進め方や、自分が問題とどう向き合っていくかといった根源的な部分に深く影響を与えることになったと思う。「**それが大事ですよ**」って、小川さん。対話するって、そういうことなんだよね。

では、小川さんに、〝安倍政権が作った日本社会〟について定義してもらった話から。

安倍政権が作った日本社会を定義すると、対外政策、外交、安全保障政策は明治の日本を目指し、経済、社会政策は昭和の日本を目指していたと思います。

もうちょっとかみ砕くと、明治の日本は明治憲法のもとで、天皇主権の貴族社会。富国強兵で軍事力に相当力を注ぎ、植民地経営まで行う独立国家でした。安倍さんはそういうタカ派（武力行使も辞さない強硬な姿勢）の外交安全保障政策を目指していたと思います。一方で経済、社会政策では、昭和の高度成長を前提とした、豊かで強い成長する日本を目指していましたね。

ただ、実際にやれたことは、憲法解釈の変更と集団的自衛権の容認だけ。それから金融緩和。目指したものにくらべると、小さかったかもしれません。あと、国防予算を安倍さんほど毎年増やし続けた人はいなかったですね。

民主党政権に対抗して「日本を取り戻す」としつつ、取り戻したいのは明治の強兵と並んで昭和の富国。それに号令をかけ続け、8年近くやって結果的にできたことは実はほとんどなかった。でも、その掛け声になびく有権者は増えていって、ご本人は幻想だけ振り撒き、まったく後片付けもせず、構造問題は片付かず、金融緩和だけして、取り戻せない幻想を取り戻せるかのようにして去って行ったんです。

富国強兵を目指し、号令をかけ、煽りに煽り、しかしうまくいかないまま、去って行った。一文にまとめると、とても虚しい。でも、振り撒かれた鱗粉みたいなものは今も社会を覆っていて、払っても払っても消えないように思える。

催眠術にかかったみたいな状態ですよね。私たちはやれるんだ、できるんだ、できないはずがない。みんなでその気になればやれるんだって。

そのくせ、実際のところ、社会はガタガタになってしまった。コロナ対策のみならず、あらゆるものが崩れ、国が崩壊したようにさえ感じる。

もっと早くに政治が正しく手を打っていれば風景は変わったでしょう。でも、それは安倍さんだけの責任ではないですね。バブルが崩壊し、ほぼ同時にベルリンの壁が崩壊。世界秩序や日本が置かれている状況はガラガラと音を立てて変わっていったのに、自民党政権は変わらず高々と拳を振り上げてやってる感満載で来た。小泉政権から20年経ってますが、小泉、安倍の両政権で失われた20年のほとんどを担っていたわけです。

この20年で格差が広がり、人と人が分断させられてきた。そのことが、色々な生き辛さの原点にあると思う。殊に安倍政権が遺した弊害で、分断させられてきたことが、何よりいちばん大きいことに思えるんですけど？

民主主義を殺す人は必ず敵と味方に分けるんです。民主主義は確かに紅組と白組のように分かれて競争し合うものですけど、お互いに正当な競争相手で、ライバルであり、リスペクトしあう前提がルールとしてある。だけどそれを踏み倒すんですよ、奴らは敵だ、敵は殲滅（せんめつ）の対象だと。でも、そうする人たちのメンタリティの根本にあるのは自信のなさだと思います。ライバルの存在を責べない、恐怖心からですよね。

自信がないと言うなら、今、日本には本当に自信がある人はほとんどいないですよね。

だとしたら、うまくシンクロした可能性がありますよね。大衆の自信のなさに、うまくつけこんだ政権だったかもしれません。

うんうん頷いて聞いていたけど、「うまくつけこんだ」その先が、よもや自分だとは分かっていなかった。つけこまれたのは、愚かな安倍支持者たちだよねって思い込んでいた。

そして、ここから意見がぶつかってゆく。そもそも私は「安倍さんの声や話し方さえもイヤだ」とディスったり、安倍さん支持者と自分の間に距離を置くスタンスでいた。そこに何ら疑問を抱いていなかった。でも、「**その感じ方は違うんじゃないですか?**」と、小川さんに指摘された。

安倍さんの政治を嫌い、憎んだとしても、安倍さん個人を憎むことは違う、そこはギリギリ諦観すべきじゃないですか？　そこで戦うのは、自分自身なのかもしれません。

ええっ。それは納得しがたい。だって7年半、ずっと憎んできた。なのに、今さら？　すぐには消化できない言葉だった。安倍さん個人を憎むのは違うって、理解できないし、どうしたらいいの？　何か手がかりが欲しい。そう思った。それで私と安倍さんに接点はないか？を考え、探した。そうしたら、あった。

私は「全米トップ40」（ラジオ日本）という1972年～1986年に放送されたラジオ番組への投稿から、番組のＤＪだった湯川れい子さんのアシスタントになった。番組の熱心なリスナーで、ハガキを毎週のように送っていたのだ。ところが、なんと、安倍さんもその番組のリスナーだったという。

ある会合で安倍さんが「湯川さん、私は全米トップ40を聞いていたんですよ」と、わざわざ湯川さんに言いに来たんだそう。1960年代から女性のラジオＤＪの草分けとして活躍していた湯川さんには、「学生時代、あなたのラジオを聞いてましたよ」と言う政治家が大勢いるそうだけど、番組名も言ったのは安倍さんぐらいで、「本当に聞いていたと思うわ」と湯川さんが言っていた。

私は安倍さんの声が嫌いだというのに、同じ声を聞いて青春時代を過ごしていたことになる。だから何？　だけど、土曜日の夜10時から3時間。同じラジオ番組を毎週聞いていた経験は大きい。だってラジオってテレビと違って親密感があり、番組のリスナーを、よくファミリーとか言ったりするでしょう？「そんな感傷に流されちゃダメよ！」ってことは重々承知する。それでも、だ。私の中で安倍さんが息をしてる人間の形になった気がした。

じゃあ、小川さん自身はどう考えているのか？

岸信介の孫に生まれ、その膝に抱っこされて三代目の世襲政治家として育ったなら仕方ない。私だって同じ環境で育ったなら、同じ考え方にならない自信はないですね。

なるほど、諦観している。でも同時に、「**今の政治は安倍さん以来特に、国民に対するDVみたいなものですよね。嘘をついて平気で居直る姿は子どもには見せられないし、国民の心を傷つけている**」とも言う。まさに、そこです、そこ。長年DVされてきて、私の傷は癒えるどころか、じくじくと悪化している。くり返しその傷が、自分を苛んでいる。いくら同じラジオを聞いていたとはいえ、やはり諦観することは難しい。

なのに、さらに、小川さんに言われた。

安倍さんの支持者には確信的な支持者もいれば、知らないまま流されて支持している人もいる。そして支持者の多くはもしかしたら生活に人生に失望している、さまよえる人たちじゃないいか。その人たちを自分とは違う人たちだと除外していいのか、考えてみてはどうだろう？

こちらは言われて「ガーン」と、大きな衝撃を受けた。動揺して、すぐには何も言えなかった。私はこの社会からひとりもとりこぼされることなく、全員が安心できる暮らしが保証されることを願っている。そのくせ、安倍支持者を「全員」に含んでいなかったと気づかされた。あの人たちは差別主義者で不寛容、在日外国人や障がいのある人、ＬＧＢＴＱ、フェミニストに言葉の暴力を浴びせ、生産性を判断基準にすると決めつけていた。

そういう人もいるだろう。でも、そうじゃない人もいるはずだ。

とはいえ、私には安倍政権を支持する、その気持ちがぜんぜん分からない。格差を広げ、弱者を追いつめる。嘘や出鱈目が跋扈（ばっこ）する。次々委員会で強行採決をして、独裁に見えた。公文書は廃棄され統計は改ざんされた。あげればきりがない。その政権を支持する人とも共生していくことを当たり前としていく……って。何それ？

大きすぎる課題が与えられたと思った。政策について考えるよりもっと根源的なところ。それを考えることになった。

私はそこから大いに悩んだ。彼らを不寛容な人間と呼んでいたが、私こそが不寛容じゃないか?と、思った。そもそも寛容／不寛容って何だろう?

そこで、森本あんりさんの『不寛容論』(新潮選書)を読んだ。本によれば、寛容の問題に万全の答えはないんだという。何にでも寛容になってしまえば、嘘になる。ただ、他者に寛容たれ、ということは他者を好きになれとも、理解せよということでもない。差別があってはよくないが、各人の心まで追い詰めない方が賢明だと言う。何故かというと、人間の心とは秘密を持った、誰とも決して最後まで分かり合えないものだから。最後まで分かり合えないままに受け入れることを「愛」と呼ぶ。それは人間愛だろう。さらに平和や真理を支える見えざる守り、忍耐が必要だとあった。

人間愛と忍耐。私は我慢のない人間で、どちらにも欠ける。どうしたらいいんだろう。どうにも分からない。どうしたって、彼らを除外しちゃう。ムリっ。

途方に暮れているとき、「他者の合理性」という考え方を岸政彦さんの著書に見つけた(『質的社会調査の方法』有斐閣ストゥディア)。

これは、人にはそれぞれ人生の有り様や生き方に理由や動機があり、それを「他者の合理性」と呼ぶ考え方だ。

一見して、他人からは不合理な行為に見えたとしても、当事者にとってはそれなりの確かな合理性や理由があり、その理由そのものを安易に理解することはできなくても、淡々と、冷静に、あるいは世俗的に認め、そこに合理性があるということを理解し、隣人になることができるのだという。不合理にしか見えないものに、理由や合理性を見出す。理由のないところに理由を見出す。

「他者の合理性」の考え方でいけば、安倍支持者の合理性を理解しない私は「安倍さんを支持しているから、私はあなたを除外するのだ」という私の価値観を押し付けていたにすぎないことになる。彼らは世の中では、多数派に属する人たちであろう。でも、そうであったとしても、私と同じく生活に苦しみ、さまよう弱者かもしれない。もしやコロナ禍で仕事も家も失い、唯一手元に残ったスマホをＷｉ‐Ｆｉ環境のあるコンビニのすみっこで見つめる人たちかもしれない。

彼らは絶望感への反撃として人を妬み、憎しみ、それを露わにし、孤独を深めていく。私が寄り添おうとすれば、逆にまた反撃されるだろうことも容易に想像がつく。私は彼らの合理性を理解し、しずかに、隣人となるべきだ――。

でも、そんな風に私が言えば、きっと彼らは「その決めつけ！　その言い方！　それがダメなんですよ。上からな物言いでしょ？」と怒るだろう。

ああ、私はまだまだ他者の合理性を理解しきれてはない。でも、いつか、お互いに他者の合理性を理解し合えたらいい。すぐには無理でも、少しずつでも目指したい。

そのために、私は何をすべきだろうか？　また考えた。

そして分かったのは、自分に自信を持つことにほかならない——自分に自信がなくて自己卑下ばかりしてしまう、その低い自己肯定感につけこまれてきたのだから。私は自分を貶めるのを、まずは止める。そして、誰も貶めない努力をしたい。

「**そうそう、特定の誰かと戦うんじゃなくて、弱さとか無知とか、構造的な背景と戦うんです**」

小川さんは私に、そう言った。

安倍政権の7年半の政治が遺したものは、何より私の中にあったのだ。

私は他者を理解する合理性を持ち合えず、自ら分断を広げ、取り澄ましてきた。

そのことに気づいて、きちんと向き合わなければ、この本を作る意味がまったくないではないか——それが分かった。この本のテーマのひとつを、「分断しない、させない」としたい。

コラム

税金が高くて払いたくありません

1カ月以上に及ぶ葛藤と学びを経た2回目の面談では、政治とはどうあるべきか?といった概念を問うような疑問を質問として投げてみた。いや、投げてない。小川さん自らが質問を読み、それをスラスラと答えてくれるという結果に終わった。「**質問をこれだけ立ててきてえらい**」とホメてもらったが、実際のところ、椅子に座っていただけで、何も考えられなかった。何か考えようとした途端、緊張して何も考えられなくなった。国会議員のお言葉をいただけて、はぁ〜、ありがたき幸せなり、みたいな状態。そんなこと、思ってもないはずなのに。完璧な迫力負け。小川さんの言葉はまっすぐ素早く伸びてくる「突き押し」のようで(相撲たとえ)、私は土俵の外に簡単に押し出された。腰を低く落として下から押し上げていくべきだったのに(相撲の基本です)、茫然と聞いているだけだった。

それで、面談の最後に「言葉選びをどうしてますか?」などと聞いてみると、

言葉の運び方や話の内容が前に話したことと似ていたり、話をかわしていたりしては意

味がないし、ちゃんと正面から打ち返さないといけない。無駄な修飾語や言い回しがあればあるほど、相手の時間とコストを奪ってることになり、情報として意味のない音を聞かせていると言える。

それもこれも含めて究極煎じ詰めると、相手の立場に立つこと。時間をもらって、理解力という助けを借りていること。相手にだって都合があるってこと。それらの積み重ねの上に言葉の選び方、運び方があるような気がする。

と言う。こんな風に、何を聞いても答えが即、明快に返って来た。政治家は言葉の職業でもある。映画『なぜ君』で小川さんは「政治家に向いてないんじゃないか」と何度も問われていたが、いやいや、全力で向いているでしょうと言いたい、この言葉力からして。そう思った。

しかも自分自身はこう気をつけていると言いながら、片や私が「ええっと、あの、その」と無駄な言葉オンパレードで話したところで嫌な顔はしない。鼻で笑ったり、小ばかにしたり、ありえない。一連の面談でずっと思っていたことは、小川さんは決して人をばかにしないということだ。それは私が保証する(ちっぽけな保証ですが)。

しかし、それでもなんでも、私はアーウーぐらいしか言えなくて、これではいけない。そもそも本として、ぜんぜん面白くないじゃないか、とライターとしての自分が自分を叱責する。そもあんた、ぼやぼやしてんじゃないわよ!って。それに何より、コロナ禍で政治家の実のある言葉を渇望してきたのだから、その言葉が目の前で放たれたら、応えたい。とは言え、小川さんが朗々と説く、その話の腰を折り、「それは違うと思うんですよ」とか言えますか？　言えないですよね。ええ、難しい。己に課した任務の大きさに、自分で震えた。

なのに、次の面談のテーマを「税と社会保障の話にしましょう」などとニコニコ提案してしまった。「それが、私がいちばん困ってることですから」などとホザいた。

税と社会保障？　税金高くて払いたくありません。年金延滞しています。国民健康保険延滞は泣き落としも通じず、区役所で怒られました。それしか言えない。ガーン。

そういう自分の問題や不安を社会とつなげ、小川さんの政策集『日本改革原案』ともつなげ、質問として投げ、答えをもらい、共に未来を考える。なんだ、その高度な技術？　私は相撲と音楽のライターだ。秘書の八代田さんが面談日を早々にいっぱい押さえてくださったが（かたじけない）、質問を事前通告する約束もしていたので（国会か？）、10日間ぐらいで、質問を考えなきゃならないスケジュールだ。ここから私の「毎晩3時まで勉強する」日々が始まった。50代にして受験生な生活。更年期なのに。

しかし、その日々は意外にも満ち足りていたと言うと変だろうか。

私は税金高い、払いたくないと言いながら、国家の経済活動である「財政」について何一つ知らないできた。日本の税収がどうなってるのか？なんて一度たりとも考えたことがない。そもそも、国家予算て？　日銀ってのは？　GDPって？　そのGDPも名目GDPと実質GDPがあるとか何？　と、何もかも知らなかった。

小川さんにお礼状を書いて、「名目GDPと実質GDPの違いも分かりませんのでこれから勉強します」なんて告白したら、秘書の八代田さんを通じて「がんばって！」って伝言がきた。そう言うしかないよね〜。

じゃ、何から考えたらいいんだろう？　再びしばし茫然とした後に、まずは知ることが大事だと、財政って何？から始めようとググッたら、「日本の財政を考える」という、財務省のサイトがトップに出てきた。クリックして見ると、2020年度の「一般会計歳出総額」の円グラフがあり、102兆6580億円だという。このお金の4分の3以上が社会保障と地方交付税交付金、そして国債費に充てられている。逆に「一般会計歳入総額」もあって、もちろん同額。そちらの内訳は所得税や消費税もあるけど、国の借金という公債金がいちばん多かった。借金大国日本。なるほど。でも、借金しながら賄っている財政。そこで税金は正しく使われているのか？　よく言われることをまずは聞いてみようと思った。

えっ、そんなの「国会議員に聞こうby中学生の国会見学」より低レベルだぞ！と言われるかもしれないが、そういう国会議員に質問する機会に恵まれる中学生さんは、おそらく勉強のできる子だ。勉強のできなかったヘッポコな大人の私は、ここから聞いていく。ヘッポコな大人だって、いや、ヘッポコだからこそ政治参加すべきだろうから、ヘッポコなレベルで聞くのだ。これで1問目は決まった。

そんな風にして、世間一般からしたらレベルの低いことを一つ一つ調べ、質問を編んだ。統計を見て、資料を読むと、今まで知らなかったことが分かる。その喜びよ！ 今までの人生で得たのとは違う、新しい喜びだ。50代にして、学びの大切さを知る。

そうこうしているうちに時間切れが来た。質問を八代田さんに送ってみたものの、あ、違うとか、慌てて直して送り、すみませんすみませんって、2度ぐらい直し、それに対して「最後まで粘る姿勢がすばらしいです」などとおホメの言葉をかけてもらって泣いたりして、いよいよ3回目の面談に臨むことになった。

第3章

「なんか高い」では済まされない税金の話

仕方なく払っている税金の行方

　財務省のサイトにあった「一般会計歳入歳出総額」の円グラフ（左ページ参照）を、質問票に貼り付け、

「円グラフを見て、『果たして税は正しく使われているのか？』と疑問に思いました。しかし、正しい税の使われ方が分かりません。それは、どういう使い方ですか？」

　という質問を1問目に立てた。これまで税金を渋々払いながら、それが私のために使われている気があまりしないできたからだ。

　それで面談の冒頭、「税金や予算のこと、今まで何一つ知りませんでした」と言うと、「**考えたこともなかった？**」と聞かれたので、正直に「税金高いなぁ、イヤだなぁから一歩も出たことがありません」と答えると、「**分かる分かる**」と、分かってもらったところから話は始まったのだが、ちょっと一旦ストップします。

　えっ？　なに？　なに？

　実はこの財政と社会保障の問題、話を聞きながら、聞き終え、さらに原稿を書く段になっても理解をするのがとても難しかった。一つ一つ専門用語を調べ、財政の仕組みや日銀について書かれた本を読み、『再度小川さんに話を聞いて、なんとか理解に至った。なので、ここ、いきなり読

一般会計歳入歳出総額（2021年度予算案）

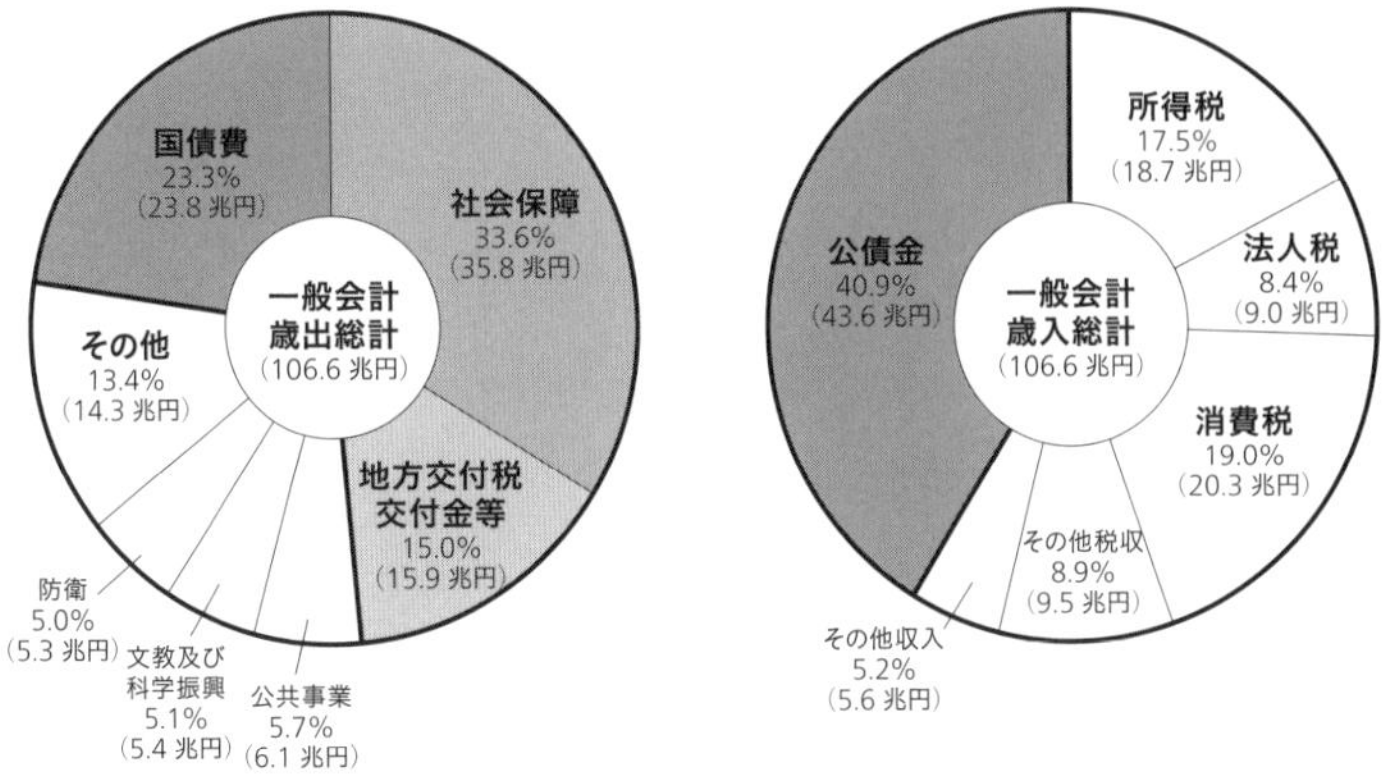

（注1）政府案ベース
（注2）「その他」には、新型コロナウイルス感染症対策予備費（4.7%（5.0兆円））が含まれる。
出典:財務省「日本の財政の状況」

むみなさまの中には「字面は追えるけど、頭に入らないなぁ」と感じられる方、大勢いらっしゃるかもしれない。

小川さんは「**財政の話は難しいから本の最後にもっていってもいいんじゃないの？**」と私に言うのだけど、でも、「お金の話」は私の生活に最も大切なことであり、おそらく皆さんもそうであり、また、理解するに難しい事を「分かりません」と堂々胸を張って尋ね、分かろうと努力してきたことに意義を感じているので、敢えてこのまま置きたい！と叫んだら、「**じゃ、そのことも知らせて書いたらいい。ここで難しいからと本を閉じられたら勿体ない。この後に読むべき話がいっぱいあるのだから、難しいと感じたらここは読み飛ばし、後でまた読んでくださいと書くといいです**」と小川さん。

そうします、そして、そうしました。もし、読むことにトライして、「なんだか、つっかえる気がする」と感じたら、後から読み直してください。財政と社会保障。でも、ここ、小川さんにとっても大切な項目であります。

では、税金は正しく使われているか？　その話からです。

税金の配分が正しいかと問われると、実は難しいんです。ただ一つの正解というものがないから。では、実態はどうか？　民主党政権（２００９～２０１２年）の反省からお話ししたいと思います。２００９年、民主党政権は一切増税をしないで、16兆８０００億円の給付を実現しますと言って誕生したわけです。

「まったく記憶にないんですが？」と驚く私。

そう言われると思いました。中身は子ども手当2万６０００円とか、高速道路無料化とか。さらに高校の授業料無償化、農家の戸別所得補償、最低保障年金など、いいことは言っていたんですけど、そのほとんどが未実現のまま政権は終わりました。

ありましたね、子ども手当（２０１０年4月～２０１2年3月）。野党だった自公の反対に遭い、当初の予定額の半分に減らされて毎月1万３０００円の支給になった。しかも年少扶養控除

総予算（純計）の概要

（単位：兆円）

	平成21年度	平成23年度	差
総額	206	220	+14
国債費	79	82	+3
社会保障費（医療・年金等）	68	75	+7
地方交付税等	18	19	+1
財政投融資	10	15	+5
公共事業費	8	6	-2
教育・科学振興費	5	5	
人件費	3	3	
防衛費（人件費2兆）	5	5	
その他政策経費※	10	10	

※食糧安定供給関係費、エネルギー対策費、予備費など

財務省資料より作成

の廃止もあり、小さい子どもがいる家は、所得が上がれば上がるほど実質、増税になってしまったというトホホなやつ。「助かる」という声も確かに少し聞いたけど。でもねぇ……。

小川さんが当時、国会で使っていた２００９年（平成21年）度と２０１１年（平成23年）度の予算を比較したフリップを取り出し、見せてくれながら話は進んだ。

自分の反省も含めて、当時なぜ16兆８０００億円もの給付が増税なしにできると言っていたか。国の総経費はあわせて４００兆円ほどになります。内訳としては一般会計で１００兆円程度、特別会計が３００兆円ほどです。

一般会計とは、公共事業や社会保障費など国

の基本的な活動を行うのに必要な会計のこと。ここは特に何という枠はなくて、自由に使える。特別会計とは、国が行う特定の事業や資金を運用する等の目的で、一般会計と別に設けられた会計のこと。

国の総経費を分母にすれば、16兆8000億円は1割以下、それぐらいの経費節減は簡単にできるはずだと当時の民主党幹部は言ってたんです。「どこの会社でも1割の経費節減はやってるだろ、政府でもできないはずがないよ」って。

ところが政権に就いて、これは自らの不明を恥じるところでもありますが、当時であれば90兆円、今であれば100兆円の一般会計に、特別会計の300兆円を足した400兆円から、お金を出したり入れたりする「純計操作」をすると、200兆円ぐらいに圧縮され、そのうちの半分近くが借金の返済、つまり国債の費用でした。

難しい専門用語が続きます。社会科の授業みたいになってきました。

国の借金とは、国債のこと。政府は国を運営するお金は税収で賄うけど、足りない分は国債を発行して財源を調達して、それが借金になります。

「純計操作」とは「歳入／歳出額の単純合計額」から、「会計相互間、勘定間等の重複額」をのぞいた正味の数字にすることらしいですが、ここはプロの財務官僚の領域なので分からなくても大丈夫です。

2009年の総予算206兆円のうち、借金の返済（国債費）が79兆円、社会保障費が68兆円で、残りの59兆円で防衛費から教育から公共事業からすべての予算を賄っていたわけです。「事業仕分け」って覚えていますか？　民主党政権がやった、国の様々な事業を必要か否か判定して予算の無駄を明らかにしていくものでした。当時、一生懸命に仕分けていた事業は、ほんのわずかある「その他政策経費（約10兆円）」の枠内だけです。

ええっ？　事業仕分けって、「その他の10兆円」の枠内だけでやっていたんですか？　驚きです。

そうです。だから仕分けた結果、ねん出できた予算は初年度でせいぜい6000億円ぐらいだったかな。それはそうですよね、もともと予算に余力がないんだから。公共事業費だって、華やかなりし頃は15兆円ぐらいあった予算を半分ぐらいまで削減されている。公務員の人件費もみんなは「削れ削れ」と言い、そうだとは思うけど、たとえ全員の人件費の支給を止めても5兆円でしかない。

「使いすぎだ、減らせ」と大人世代が迫ってきた国の公共事業費は、1998年度の14兆

9000億円をピークにその後下がって、民主党政権時には4兆2000億円分を減らした。また、公務員の人件費は2009年度で、5兆3000億円だった。

大きなお金の話をしてると、だんだん頭が混乱してくる私だけど、とにもかくにも増税なしで「16兆8000億円をねん出してみなさんに給付します！」が難しいのが分かる。国って、お金ギリギリなんですね。て言うか、借金そんなにあるのか。ちなみに私は個人では借金はしていない。

「**でも、日本の財政赤字から見たら、和田さんにも1000万円ぐらい借金があるっちゅう計算です**」

小川さんがサラッと言う。うそ？

日本の借金は1000兆円を超えています。新聞にこれはよく出てるけど、見たことないですか？　一人あたま1000万円ぐらいあるっちゅうことです。そして平成の30年間、社会保障費が上がり続け、他の経費はほとんどが横ばいのままです。

よく「問題だ」と言われる防衛費に関して言うと、他の国の軍事費は対GDP比2%ぐらいだけど、日本は中曽根内閣以降の伝統でだいたい1%前後で5兆円ぐらい。防衛費を増やせばいいとは思わないけど、5兆円の中で苦しいやりくりをしている。また、他の先進国に比べると半分程度と少ないのは、文化芸術に関する予算です。だから他を削りながら社会保障費だけが増えているという、かなり硬直した状態になっていて、この偏在を是正しなきゃいけないんですよね。

なんたることだろう！　2020年末で日本の借金は1212兆4680億円。私たちはいつの間にか借金大王で、国家予算は借金で回す自転車操業だ。「税金って正しく使われてるのかな？」などと素朴な疑問から始めたが、顔色が真っ青になりそう。

そして、さらに真っ青になりそうな社会保障の問題へ話は広がっていくが、いったん背伸びしましょうか？　アアアッ。はい、深呼吸も！　スーハー。

さて、その社会保障費（年金、医療、介護、子ども・子育てなど）だが、財務省のデータを見ると国の一般会計歳出の約3分の1を占める最大の支出になっている。小川さんはその中でも問題がいっぱいだと言う。

是正しなきゃいけないのは、まず現役世代に向けた社会保障費です。これは他の先進国に比べ、ほぼ半分と言われているんです。昔はよかった。ほとんど誰もが正社員になれて終身雇用。賃金も上がっていく。だから自己責任でライフ・プランを設計できた。ところが今、経済成長はしない。雇用は不安定化し、賃金も上がらない。その上で、自己責任でやれ！と言うのは残酷です。

先進国における個人向け政府支出の内訳（2013年）

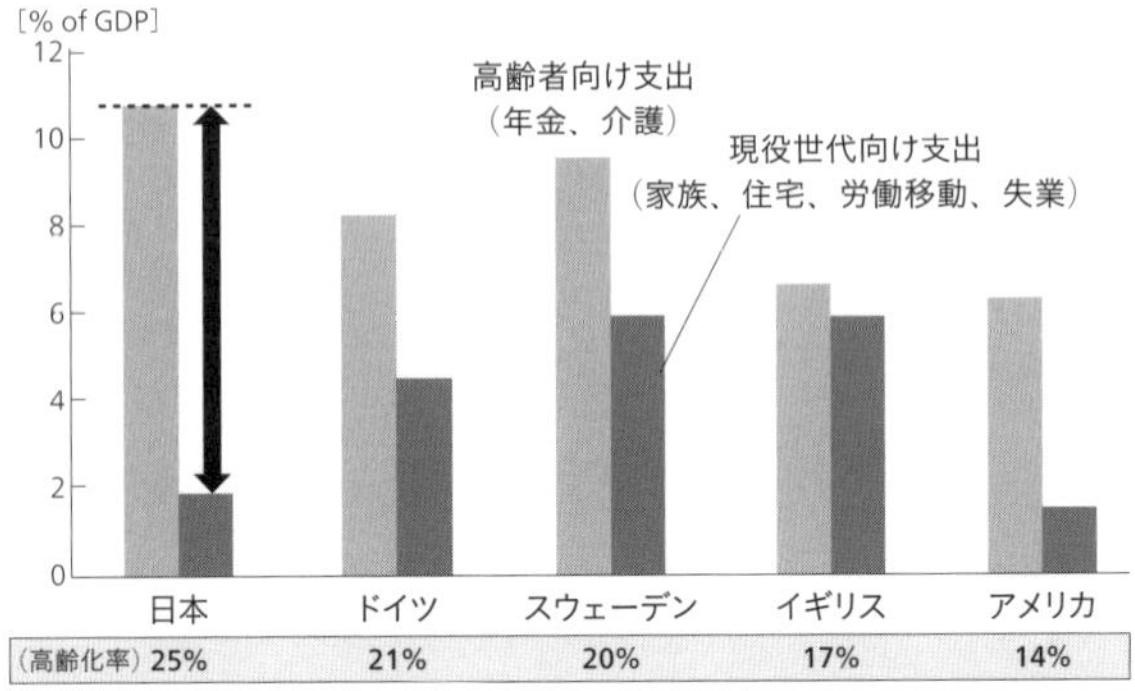

出典：OECD "Social Expenditure"

そういう意味で、ここでの問いに正面から答えるなら、「現役世代向けの社会保障が足りない」ので、税金の使われ方としては、正しくないとなります。

「先進国における現役世代向け支出」の国別内訳を調べると、スウェーデンやイギリスに比べ、日本は現役世代への支出が半分にも満たない。現役世代への保障は何もないに等しくて、自己責任でやれ！は、もう、無理。無理ですよね、みなさん？

さらに、もう一点。高齢化が加速し、増え続ける「年金」の問題があるという。

２０２０年度は57兆７０００億円の年金が給付されていて、小川さんは「**高齢者向けの社会保障だけは、他の先進国にも負けていないんです**」と言うので、えっ？と思った。

「うちの母、2カ月で6万円だか7万円だかしか、もらえてないですけど？」
と、口をとがらせて言ってみた。

一見手厚いけど、たしかに偏在してバランスを欠いています。国民年金を満額40年払っても1カ月で6万円ちょい、逆に厚生年金で1カ月に30万以上もらってる人も中にはいる。年金だけで安心して暮らせる人と、そうでない人がいます。

さらに、今現在で年収1000万円を超えているような人にも基礎年金は満額支給しています。もちろん「私が払った掛け金だからもらって当然」というお気持ちは分かりますが、ただ、高齢化と人口減少が加速する中で、すべての高齢者に一律で給付するのはなかなか難しくなっていることを、正面から認めなくてはならないと思います。

生活が成り立つ最低保障年金を支給することは必要だけど、かなりの収入や資産を持つ人に支給されている満額の年金は、生活には必要ないわけです。そこは少しご辛抱いただくような勇気が、政府の側に求められます。この偏在を是正することも、税金、社会保障の使われ方として課題でしょう。

厚生年金は現役時代に年収500万円だった人なら、1カ月およそ15万円ほど。年収700万円だった人なら19万円弱という計算になる。小川さんの言う「年収1000万円を超える人」

というのは現役時代の収入じゃなく、65歳を超えて今なお1000万円を超える収入がある人のことを指す。

基礎年金はみんなに7万円~20万円程度の金額を、それぞれの現役時代の年金の掛け金に応じて保障するという制度設計がちょうどいいと考えます。つまり、現在の基礎年金の支給額は満額で6万5000円程度、実際の支給額は平均で4万9000円と言われていますが、この最低保障額を大幅に増額して一人7万円程度にまで引き上げる。同時に高齢でも自前で一定の収入、現役世代の平均収入の50%以上がある人には、一部我慢していただくという考えです。

どうだろう? 我慢を強いられるご当人からしたら「とんでもない」話だろうか。そんなことをしたら、国のかたちまで変わってしまうと怒られるかもしれないが、今まさに国のかたちを変えるべき事態なのかもしれない。

そして、さらに耳の痛い話が出てくる。そう、「増税」だ。

もう、こういう状態では予算が足りていないのは分かりますよね。ずっと借金だけでやるというのなら、それはそれで「賭け」ということになるでしょうし、MMT論に基づいて「とにかく借金して国債を発行すればいい」という人もいるでしょうけど、それはある程度までは同意するとしても、そのまま100年200年も国を動かし続けるのか?ということです。やはり、きちんと国民負担の議論をしようじゃないか?というのが、まっとうな政治の王道だと思います。将来的には、国民負担を真正面から議論できる政治がこの国には必要ですよね?

自分たちの国で通貨を発行できる日本のような国は、いくらでもお金刷っちゃって平気だよ!というMMT論については後でゆっくり話すとして。実は私もこれを書いている今、国民負担を増やすことを考え始めている。増税なんて、まっぴらごめんと思ってきたけど、日本は人口減少と高齢化が猛スピードで進み、税収は減るばかり。これから、増税が必要じゃないか。

「先進国の常識では、いいにくい増税をうったえてでも、人びとの命とくらしの保障を要求するのがリベラルだ。でも日本では、政府ぎらいのリベラルがこぞって増税に反対する。自由の条件整備を棚あげしながら、自由を語る僕たちとはいったいなんなのだろう。このままでは、僕たちは、思想的な居場所をうしなってしまうのではないか」(『幸福の増税論　財政はだれのために』井手英策/岩波新書)

最初にこれを読んだとき、私は「何言ってんだよ」と思った。でも、今はそうだなぁと思い始めている。

ここで、財政社会学の専門家、井手英策さんの著書を頼りに、私なりに考えたい。

ときどき思う。私は大きな声をあげられる人間だ。こうして本も書けるし、普段から自分の生きづらさを言ったり書いたりできる。

同様に、SNSではリベラルを自認する人たちが、事あるごとに叫ぶ。でも、叫ぶ人のSNSを見ていると、正社員で、家庭を築き、けっこうなマンションに暮らし、犬なんかいて——もちろん暮らしが良くったって叫ぶべきだし、私は彼らと仲良しだけど、でも、ふと思う。声なき声に耳を澄ませられているか？と。何も言えない人が世の中には大勢いる。生活に困り、あるのは不安だけ。だけど黙ってうつむき、生きている。そうした人たちとも並んで歩んでいかなきゃ。そのために税金を払っていく覚悟が全員に求められているんじゃないか。

井手さんの本を読んでビックリした。日本の長く続いてきた自民党政治の根っこには、社会保障等による「救済」でなく、公共事業に代表される「働く機会の提供」を重視する思想があった。つまり、国が直接に私たちを助ける仕組みはほどほどにして、私たちは働くことで、自分でなんとか生活するよう、仕向けられてきたんだ。

さらに日本では、「平均的な収入」の人のうち、税の負担を、「高すぎる」「どちらかというと高すぎる」と回答する人が5割にのぼるんだそう。高い負担で知られる北欧でも3割程度というから、日本は北欧と比べても「税金高い！」という声が大きい。でも、実際のところ、日本ほど長く減税国家だった国は他にないという。

その理由が怖い。

「他国では政府が無償、ないしは安価で提供するような財・サービス、例えば住宅、教育、育児・保育、養老・介護等の獲得に必要な資金を日本では減税で還付したわけである」（『日本財政転換の指針』井手英策／岩波新書）

つまり日本は「減税」することで、「自ら働き、自ら助ける社会」を築いてきた。増税を拒否し、減税に喜びながら、実は自助に追い込まれてきた。なんてことだ！

そして今、働いても働いても自助では生きられない人が大勢いる。そろそろ覚悟を決め、痛みを分かち合って税金を払い、みんなでやっていくことを考えないとダメじゃないのか、我がリベラルよ。そう自らに問うているのだ、今、私は。

こんなこと言うと、バッシングされるだろうか？　小川さんは「千本ノック」という一般の人たちの質問に答える動画を定期的に配信しているが、そこで「将来的には増税を！」と言う度に、「緊縮派だ」と非難ゴウゴウのツイートにさらされている。

緊縮派が「赤字財政をなくすことを重視して、歳出をカットする、もしくは税収を上げる」という考え方だとすると、僕はむしろ逆です。歳出を拡大して公共サービスを拡充し、安心な生活を広げるべきだと考えます。ただし、歳出を拡大するにあたって、国民が負担する税金について、今すぐじゃなくても、いずれちゃんと議論しないといけないと言っていて、緊縮派にも反緊縮派にもあたらないかもしれません。

税というのは互いの支え合いであると同時に、自分の人生を支えていると実感できるものであるべきです。それはイコール、政治や行政への信頼度が高いってことだし、投票率含め、政治参加の割合が高いってことでしょう。税は社会的投資であり、自分に対する保険、人生の投資であると本当に思える国にするというのが、ひとつの理想ですね。

社会保障も限界寸前、もう待ったナシだ。とはいえ、今の政府のあり方で増税なんて無理！という声が上がりそうだし、私もそう思うし、小川さんも政治や行政への信頼が必須だという。うん、今のままじゃとても信頼できない。でも、政府だけじゃなく、今は互いに信頼し合うことさえ難しく、分断が起こっている。じゃ、分断の起こらない増税とはどうあるべきか？　それを考えていきたい。

ゆくゆくは消費税100%⁉

さて、増税という、小川さんからの提案を細かく見ていこう。ちなみにこの提案、特に消費税については、コロナ禍で多くの人の生活が破綻している今は蓋をして閉じておくそうです。それを頭に、お読みください。

既に壊れている社会保障制度を立て直し、それに伴って増税していくこと。これは同時解決しかありません。政府と国民の信頼ができてからやりましょうじゃなくて、やりつつ、信頼を作り、信頼を作りつつ、やる。同時進行でやっていくしかないんだと思います。

小川さんの言う増税は、社会保障制度の立て直しのためのもの。その立て直しの方法は次の項に記すことにする。壊れた社会保障を立て直し、支え合う社会を作るために増税しました、社会保障制度が整うまでしばらくお待ちくださいではなく、一挙にやっていく算段だ。

自治省で税金の制度を整える「税制改正」を担当していたとき、担当課長に「北欧の税制を勉強したいから一緒に来てくれ」と言われてデンマークに行きました。デンマークの税制は、消費税率25%、国民負担率（租税負担率+社会保障負担率）75%です。これって、どういうことかというと、国民は1万円給料をもらうと、7500円を政府に預けるってことです。彼らは言うんです、「確かに税金は高いよ。でも、私たちのために本当に使われているから不満はない」って。驚いたんですけど、デンマークの人たちは年金の心配はないし、失業給付も十分で、病気になっても負担はいらない。子どもたちは幼稚園、保育園から大学まで無償で、そうなると国民は貯金をしなくなる。必要ないんです、国が面倒を見てくれるから。そうするとお金の巡りも良くなる。良い循環が起こってきます。

小川さんの思い描く税と社会保障制度のイメージは、北欧社会のデンマークやスウェーデンにある。だから当然、消費税も他の税金もどしどし上げるんだという。いや、ちょっと待ってください。……とりあえず、一回深呼吸しましょうか。

7年前に『日本改革原案』を書いた頃には消費税は25%上限で固定し、そこから逆算して今ある社会保障制度をある程度、合理化して減らせるものは減らしていこうと思っていました。でも、今は軌道修正しました。本当に安心して暮らせて、信頼できる社会が来るなら、別に25%にこだわる必要はない。法人税、所得税、相続税とあわせ、最終的には消費税だって100%まで上げて、社会保障制度を充実させるプランだってあり得ると考えます。

これから人口減が100年続くなら、その間、毎年1%ずつ上げて100%です。そこには色んな理由があって、一つは五公五民という考え方です。デンマークは所得税率が50%ですが、原理的にはそれと同じになります。物を買うとき半分は天下のもの、という考え方です。

それ、おもわず息が止まる。消費税100%だと、ボールペン150円を買ったら、300円。プリンターのインク3000円を買ったら、6000円。9万円のノートパソコンを買ったら18万円。私、何も買えなくなるかも。五公五民？　江戸時代の「収穫の50%を納める」年貢の制度だけど、年貢は村単位で納めたので融通が利いた。個人で五公五民は辛く感じます……って、ああ、100年後ですか。でも、100年先とはいえ、消費税を100%まで上げていくってのは荒唐無稽に聞こえてしまいます。

消費税100%と言うと、とてつもなく聞こえるでしょうが、それは100年で物価が2倍になるのと同じです。イメージできますか？　昭和の頃はだいたい10年で物価は2倍になったでしょう？　だから100年で2倍は、そう荒唐無稽ではありません。

そう言われると、そうですね。私が子供の頃、カップに入ったアイスクリームは30円とか50円だった。それが10年後ぐらいに100円になって、それから30年たったのに、いまだ130円程度。あんぱんやクリームパンも40年前は50円ぐらいで、今は150円程度。昭和の時代は10年で2倍に値上がったのに、平成以降は値段があまり上がってないですね。って、話がズレましたけど。

そうなんです、今はずっとデフレ経済が続いています。人口減少が続いて高齢化が進む中で「何かを買おう」という消費需要は減っているから、物価は上がらない。安定したインフレを持続していくことは難しい。むちゃな金融緩和をしたり、株を上げたり、不動産を上げたりしても物価は上がらない。とは言え、このまま物価が下がり続ける状況は放置できないので、人口減が続く100年間、毎年1%ずつ消費税を上げるのが、最も確実なインフレ政策なんです。

ええっと……。アベノミクスも毎年、物価を2%上げてインフレになると景気が順調に安定するという考え方でした。そのためにむちゃな金融緩和をしたりしていたけど、でも、それは達成できず、ずっとデフレのままの我がジャパンでしたよね？

アベノミクスは、デフレ経済で物価が下がり続ける状況を安定したインフレに向かわせていくよう、金融緩和によって強制的に物価を上げ、実態経済を刺激しようとしたものでしたが、いくら金融緩和してもデフレから脱却できなかったんです。

金融緩和ってのは、金利を引き下げて市場に出回るお金を増やすことで、景気を底上げする効果があるもの。江戸時代にも暴れん坊将軍がやっていましたよね。じゃ、小川さんの考え方も同じで、常にインフレであることが大事なんですか？

まず図りたいのは「脱成長」。つまり、経済成長がすべてを解決してくれる固定観念から脱し、上昇社会は終わった、しばらく下降した後に持続可能な状態に入りますということを認めようと訴えています。それでも実態経済は環境調和という制約の中でも、景気がいい方がみんなハッピーなんです。

昔、住宅バブルだった頃、若い世代が競って家を建てた。住宅の値段は買ったときがいちばん安く、その後は高く売れるから早く買わないと損をするというマインドでした。人はこの先ずっと物価は徐々に上がっていくと分かってから、初めて物を買い、投資をしようと思うんです（インフレ期待）。物価を上げて安定的に通貨価値を下げていく仕組み（インフレ）にしていく必要があります。

だからインフレにしていくことが大事なんですね？　でも、どうして消費税を上げなきゃいけないんですか？

金融緩和などいくらしてもデフレから脱しない中、過去30年間で2回だけデフレから脱した時期があったんです。それは消費税を上げた年です。なかなか理解してもらうことは難しいですが、消費税を下げたら景気が良くなるのは一時の話で、安定的なインフレ政策として消費増税をするというのは世界的にも言われていることです。大事なことは増税した分をすべて社会サービスと現金給付で国民に返して行く。自分の暮らしが安心と思えるようにすることです。

みなさん、小川さんについてこられていますか、大丈夫でしょうか？　こんな経済対策の話、普段しないですよね？　しかし、

○安定した景気のためには物価が少しずつ上昇してるインフレであるのが大事！

○そうなるために、実は消費増税がいちばん確実！

○さらに大事なのは、増税したら、社会サービスなどでみんなに再分配する！

ってことなんですね、簡単に言うと。

正直、デフレの方が物価は安くて助かるわ〜と思いがちな私。今日のネギ一束150円が、明日は130円だと嬉しい。ああ、でも、そうか、それなら今日買わないで、明日買おうと思っちゃう。デフレって、延々そういう状態。物、買わんなぁ。

さらに、デフレのままだと自分の原稿料は永遠に上がらず、出版業界も先細りしていくから仕事がなくなるってハタと気づくと、それはダメだと分かる。

安定的なインフレは必要で、そのために消費税を実は上げた方が良いという経済の謎な仕組みが事実としてあり、人口減の間は消費税を上げ続けて安定的インフレを作り、集めた消費税を本来あるべく「社会保障で還元する」ってことだと理解した。

小川さんの消費増税政策とは、そういうこと。

とは言え、消費税だけじゃないですよね。他はどうしていくんですか?

同時にやるのは法人税の増税ですね。ただ、GAFA(Google、Amazon、Facebook、Apple)の法人税逃れの対応などは日本だけでやるのは難しい。そこは国際的に協力してやっていくことです。

GAFAに代表されるような巨大な多国籍企業は、日本のみならず世界で法人税をきちんと払ってないと言われている。2021年6月に開かれた日米欧の財務大臣が集った「G7会議」でも問題になり、法人税の国際的な最低税率を少なくとも15%以上にするという取り決めが成された。小川さんの言う法人税の増税、まず第一歩は成立しているけど、まだまだこれからだ。で、これだけですか?

そして所得税の累進性を高めることが大事です。昔は日本もアメリカも住民税を入れたら、

高額所得の90〜95%を税金で取られていたから、とてつもなく高額な報酬そのものが存在しなかった。個人の収入が何百億円とか、ありえなかったんですから。

所得税の累進性は収入が上がれば上がるほど、税率が上がるってこと。自分で確定申告を書いてる人なら分かるだろうけど。だから累進性を高めることに、私は大賛成。今、日本は年収4000万円以上で税率45%なんだけど、どんどん累進性を高めて、年収10億円以上なんて方々には税率最高90%まで行っていいと思うんだけど、どうでしょう、みなさん？

そして小川さんは「**問題は相続税**」という。どういうことですか？

今、年間で140万人ぐらいの方が亡くなり、相続財産は日本全体で80兆円ぐらいあると言われています。でも、そのうち相続税として納められているのは2兆3000億円（2020年）です。実質的な相続税負担率は40分の1程度なんです。それはいろいろな控除制度があるからで、『3000万円+相続人の数×600万円』という基礎控除額の計算もあります。計算すればすぐ分かりますが、そもそも基礎控除額が大きいんですね。故に納める相続税は全体で低く抑えられ、相続財産が年間で80兆円もありながら、2兆円しか納税されない。

親が亡くなり、財産を守りたいお気持ちも分かります。もちろん「天下は私腹を肥やさず、天下が整え守ってくれる」という前提が必要になるのは当然ですけど、実質的な相続税も最終的には五公五民の考えで、上げなければならないと考えます。

むむむ。相続税がそんなことになってるなんて、何も持たない私は知らなかった。日本では現在、1000万円以下なら10％、3億～6億円で50％、6億円以上で55％と相続税の税率は決まっているものの、計算式が示すように、控除額がとてつもなく大きく、課税額は非常に低いんだという。とはいえ、相続税問題に頭を悩ます人は多いだろう。「かろうじて親の遺した家があるから暮らしていける」という人をいっぱい知っている。だから、相続税を上げることは、一足飛びには解決しないだろう。今はどう見ても、天下が私腹を肥やしてそうだもん。とてもじゃないが応じられない。そうですよね？　なので、まずは法人税、そして高額な所得を得ている人たちへの税率の累進性を高めること。そこからお願いします！

さて、先ほど謎だった「MMT」とやらは、一体何物なのか、ここで尋ねた。尋ねたのだが、理解が難しく、「**和田さんにこれを説明するのは至難の業！**」宣言が飛び出すほどで、小声で言うが、ここここそ、おおっぴらに読み飛ばしてもらってもかまいません。

政府がコロナ対策で持続化給付金など給付している、そのお金は「国債」という借金から出ていることはお話ししましたね。その借金は結局、銀行が国債を買うことで引き受けているけど、最終的には日銀が買い取っているので、日銀が発行した紙幣で賄われているわけです。

だから、これは国の借金という体をとった、日銀が「創造した紙幣」なんですね。一方、今、株価が高いでしょう？　これは日銀が株を買い支えしているから。日銀のどこにそんなお金があるのか？　それは日銀が自分で紙幣を作っているからです。まさに「創造した紙幣」。日銀は自分たちで何億円でも何兆円でも作れる。片一方で、それを国が利用するときは借金という体をとっているだけ。

日銀が自分で使うときは借金という体をとらず、自分で通貨を発行して株や不動産を買っている。共通しているのは、市中にそのお金が供給されてるってことです。

つまり、貨幣経済はフィクションで、本来は無価値なんだということを理解しなきゃいけない。通貨そのものが無価値だから、無価値なものに価値があるとみんなで信仰して成り立っているのが貨幣経済。その貨幣をいくら発行しようがその通貨価値の管理に支障がなければ、ぜんぜん問題ないというのがＭＭＴの骨格です。

「骨格です！」と言われてもなかなか難しく、なおかつ「それはマジックじゃないですか」とばっかり言いたくなり、思わず、そう叫んだ。

そうです。マジックだと理解しなきゃいけない。無価値な貨幣を創ったり供給したり引きあげたり、操作するだけ。大事なことは実態経済を少しでもいい状態に置いて、さらに大事なことは、それぞれの生活が成り立つ状態を作ること。だから額面上で国の借金が幾らあるかに捉われる必要はない。ただ、この論に寄り過ぎて、いつまでもこの方法でやればいいというのはダメだと考えます。それはやがて円の価値を棄損し、国民の生活を脅かすことになるから、やるとしても慎重に小出しにすべきだと思います。

小川さん自身、このMMTというマジックで日銀が「創造した」紙幣を再分配（社会保障）に少しだけ使うことはどうか？と言う。とはいえ、そこに依存しすぎないようにしたいそうだけど……。ご理解いただけましたでしょうか？　ここは本当に難しいところ。日銀の役割なんて、ふだんは考えませんよね？

貨幣経済について理解を深めるためにも、『サピエンス全史　文明の構造と人類の幸福』（ユヴァル・ノア・ハラリ／河出書房新社）を読んでみては？と言われ、読むと、こんな記述があった。

「ここ数年、各国の政府と中央銀行は狂ったように紙幣を濫発してきた。現在の経済危機が経済成長を止めてしまうのではないかと、誰もが戦々恐々としている。だから政府と中央銀行は何兆ものドル、ユーロ、円を何もないところから生み出し、薄っぺらな信用を金融システムに注ぎ込みながら、バブルが弾ける前に、科学者や技術者やエンジニアが何かとんでもなく大きな成果を生み出してのけることを願っている。すべては研究室にいる人々頼みなのだ。バイオテクノロジーやナノテクノロジーといった分野で新しい発見がなされれば、まったく新しい産業がいくつも生まれるだろう。そしてそこからもたらされる利益が、政府や中央銀行が２００８年以来発行してきた何兆ドルもの『見せかけの』お金を支えてくれるだろう。だが、もしバブルが弾ける前にさまざまな研究室がこうした期待に応えることができなければ、私たちは非常に難しい時代へと向かうことになる」

私は「はじめに」にも書いたように、40代中ごろになってから殊に生活が苦しく、コンビニでバイトをしていた。そこでは10円、20円の利益のために頭を下げ、「お箸入れますか？　温めますか？」と丁寧に対応し、うっかり忘れたときには「温めろって言ってんだろ！」と怒鳴り散らされたりもした。10円のために頭を下げて働いた私には、実態のない何兆円ものお金で生活が支えられるのは、とても怖い。それは私の漠然とした、ちっぽけな恐怖に過ぎないが、みんなが納めた税金によって支える社会じゃなくて、とにかく紙幣を刷ってしまえばいいっていう実体のないＭＭＴマネーが支える社会には、いっぺんに何もかも崩壊する怖さを感じる。たとえ貨幣経済そのものがマジックだとしても、大きくなり過ぎたマジックにはハラリも疑問を呈している。

さらに、日銀の元総裁である白川方明さんは雑誌『世界』（2021年4月号／岩波書店）で、「経済の厳しい状況に応じて実験的性格をもつ政策も敢えて実行するが、実行に当たっては効果とコスト・副作用を点検し説明しながら進めていくというものであった。私はそれが独立した中央銀行の果たすべきアカウンタビリティーだと思ったし、現在もそう思っている」と語っていた。一国の財政、金融、そうそう簡単にはいかないんだと、プロ中のプロも言う。実験的なMMTのような経済政策は、副作用をよく点検しなきゃいけない。白川さんの後ろで、私はコクンコクン頷いている。

お金の話を一通りしてきた。ずいぶん遠くへ来たなと思うが（だって財政が何かも知らなかったのに、こんな専門的な話に至るとは！）、次は、そのお金を使ってどう社会保障を立て直し、どう再分配するか？　とても大事なところを見て行きたい。

減税するけど「自助でよろしく」の社会がいいのか、それとも増税するけど「生活は保障します」の社会がいいのか、どちらがより私の不安と日本の不安が解消されていくのか？　じっくり考えたい。

ベーシックインカムで安心できるか？

小川さんが定期的に配信している動画「千本ノック」で、「2020年度は国債100兆円を起こした」と話していた。100兆円の国債を起こした？　起こした、というのは寝起きではなく、発行したということだろうが、それでもなんでも、100兆円といえば日本の一般会計歳出予算の1年分に匹敵する。それを国債だけで100兆円？　丸々コロナ対策費になったの？　そんな手厚いこと、してもらいましたっけ？　そして、それって100兆円の借金をしたということなの？　疑問に思って聞いてみた。

100兆円の国債を起こしたのは事実ですが、100兆円まるまる借金が増えたわけではありません。2020年度の一般会計では23兆円の国債費が立っている（予算がついている）ので、赤字額は差し引き77兆円になります。例年だと10兆円の赤字がおよそ8倍、8年分にふくらんだことになります。

その100兆円は、雇用を守るための雇用調整助成金や、事業を守るために事業主やフリーランスへ給付した持続化給付金などに使われました。でも、同時にコロナ対策には直接の関係性が感じられない国土強靭化関連に補正予算だけで3兆円以上とか、GoTo関係に補正予算だけで1兆円とか、わずかとは言え布マスクに260億円とか、うす播きに使われています。中でも大きかったのは定額給付金の一人10万円で、あれは12兆円を使っています。日本は2020年度、8年分の借金を負いながら、GoToや布マスクに使ったのかぁと遠い目になるが、その後聞いたニュースでは100兆円のうち、30兆円以上が使われないまま一年が経過したらしい。今日食べるものにも困ってる人が大勢いるのに、なんだろう？　もっと有効に使えなかったんでしょうか？

例えば100兆円って、全国民に毎月1人7万円、1年間支給できる金額です。アベノマスクもGoToも持続化給付金も雇用調整助成金も止めて、全国民にコロナはなかなか収束しないので、おしなべて1年間毎月7万円を支給しますという政策を取ろうと思えば取れた。これは正しい面とそうじゃない面があるし、悪平等だという声もあると思う。それでも、それが実現できた金額です。

毎月7万円？　それは現在の国民年金で支給される1カ月分より少し多い。一人あたま1年で計84万円。私なら都内で週に3〜4日、1日5時間バイトするのとほぼ同額だ。子ども2人を持つシングルマザーの家庭なら、1カ月で21万円、1年で252万円。一家で2人暮らしなら、1カ月で14万円、1年で168万円にあたる。

これから先の将来に向け、政治の役割を、経済成長を目指すことから生活保障を担保することに中心を切り替え、大きな理念の転換を図りたい。

人が抱える事情は様々で、個別に配慮することも大事ですが、一方で多くの人が負担を理解して受け入れるためにも、給付は普遍的にすべきでないか？と考えます。

そのうえで収入があり、儲かった人には課税して還元してもらう。給付は普遍的にして、課税で公平さを回復するという考えに立つ。

いいことばかりじゃないと思いますけど、今回もし、全国民に1年間、一人毎月7万円給付ができていれば、ひとつのヒントになったかもしれない。将来的な「ベーシックインカム」への道筋が少し見えたんじゃないか、と考えます。

ベーシックインカムとは「直接現金給付」のこと。すべての人に政府が一定の金額を、一律に給付する。考え方としては古く、アメリカ独立戦争の頃にまで遡るという。すでに海外ではフィンランドやカナダ、ドイツなどで実証実験も行われているのだが、ベーシックインカムと聞いて「それは年金も生活保護もなくして、これだけに社会保障を集約しちゃえばいいってやつじゃない？」という声もあるだろう。そういう理論のベーシックインカム推奨者もいる。竹中平蔵さんもその一人ですね。

伝統的にはベーシックインカムは社会保障を充実させたい人たちと、行政コストを効率化したい人たちが共通して追い求める、パラドキシカルな政策です。効率化したい人たちは、ベーシックインカムをやれば社会福祉を切り、年金も不要だというところに起点を置きます。僕は逆サイドで、経済成長と雇用拡大、賃金上昇に頼れない時代に入るから、生計保障、再分配を政府が担うべき、企業に任せる時代ではない、という福祉の向上という観点です。ただ両者がまったく重ならないかと言うとそうでもなく、普遍的な給付ができれば、不要になるサービスもあるかもしれないですね。

小川さんは毎月7万円程度のベーシックインカムを支給したいと、以前から政策として考えてきた。赤ちゃんからお年寄りまですべての人が対象で、今65歳以上の人へ支払われている年金が、全世代に払われるイメージだという。100兆円があったなら、それができたのに！と言う。うむむっ。私たちもそれがもらえたのか！

大事なのは、最低生計保障に安心感を持てるようになることです。そうなれば、相当に社会の風景が変わるんじゃないか？と思います。オードリー・タンが著書の中で、「私は自分の好みと公共の利益だけを考えて仕事をしている」と言っていました。やらされることもなければ、無理やりやったこともないと。そういう世界観が、日本でも拡がる可能性を感じています。

分からないですよ、やってみないと。色々な副作用や弊害もあるかもしれない。ただ、経済成長と雇用拡大に頼れないことは間違いないので、雇用に代わる新たな再分配の仕組みを開発しなきゃいけないんです。

すべての人が最低限の生計・生活に安心感を持てることで、働き方から社会像まで変わるであろう、経済成長に頼れない社会に持続可能性を回復させる、土台を固めるための政策です。

これまでは経済が成長し、雇用は増え、賃金は上がってきたけれど、これから先、それは見込めない。雇用という「賃金を払って人を雇う」仕組みは弱体化していく。だから、その弱った部分を政府がベーシックインカム＝最低生計保障で、面倒を看ていく。雇用に代わる、新しい仕組みという概念なのだ。ただ、お金配りま〜す、じゃない。

これからも、コロナの時代はまだまだ続いていくかもしれない。すでに既存の社会保障は危機的状況だ。私たちは苦しい中で、助け合って生きていかなければならない。全員に最低限の生計が保障されたら？　みんな息がつける。みんなが生きていける。取りこぼされる人が出ない。私は基本的にベーシックインカムには賛成したい。

とはいえ、もろ手を挙げて大賛成でもない。私自身の生活に引き寄せながら小川さんの話を聞いていて、気になることがあった。

毎月一人7万円程度を支給するとしたら、４人家族なら28万円、２人家族なら14万円、月額の現金収入が確保されるのは、社会の安心感の底支えになる可能性がある。

まことにその通りでも、私はモヤモヤした。だって一家4人で28万円は大きいけど、一家１人の私は7万円だ。助かるっちゃ助かるが、光熱費を払って米や納豆に鮭の塩焼きの基本的な食費とで終わる。「負担を理解し、受け入れ、納得」すべきと小川さんは言うが、今、日本の世帯の構成は変わってきている。

たとえば１９８０年頃は小川さん一家のように夫婦2人に子ども2人が平均的世帯だったけど、今の一家の平均の人数は2・39人。これ、「夫婦2人に子どもがいるかいないか」じゃなくて、「高齢の片親と中年の子どもに、犬か猫がいるかいないか（犬猫は入れてはいけないのですかね）」でしょう？　２０４０年には単身世帯が全体の4割を占めると言われ、「ソロ社会」とか命名されている。なら、そこ、なんとかしたい。

税金は増えます、みんなで負担しましょう。でも、ソロ世帯に再分配は少な目です。がんばって生き抜いてくださいって、私は辛いし、ソロのみんなも辛い。その辛さはじわじわ滓のように積み重なり、社会に染み出して行くだろう。社会の安心感の底支えとするなら、単身者への上乗せが欲しい。

そこで、「7万円のベーシックインカム、単身世帯なら一人10万とか、増やすのはどうでしょうか？」と言ってみた。

確かに少数世帯は増えているので、固定費の負担が上がってますよね。家賃にしても、光熱費にしても。ただ、問題は単身世帯では10万円として申請しないと受給できない形になると手間がかかり、コストがかさむ。偽装単身者が出てこないか、もあります。

「ええー？　偽装なんて住民票でチェックすればいいんじゃないですか？」と言ったものの、面談ではあいまいなまま。説得材料がなく、話が続かなかった。

でも、その後に『女性のいない民主主義』（前田健太郎／岩波新書）という本を読んでいると
き、福祉政策において大事な「脱家族化」という言葉を知り、ハッとした。

脱家族化というのはデンマーク出身の社会学者エスピン・アンデルセンの提唱した「個人が家族に依存することなく、社会的に認められた一定水準の生活を維持できる」という考え方で、元々は介護や育児などケア領域での視座だったけど、徐々に拡がり、社会的権利として個人化の必要性を説くようになり、特に北欧の福祉政策では、年金支給などで大切にされているという。

家族単位ではなく、個人単位で考えるんだ。

家族の在り方、個人の生き方は年々、多様化している。未来の政策であるベーシックインカムにこそ、脱家族化の視点は必要じゃないか。じゃ、具体的にはどうしたらいいか？は追々みんなで考えるとして、単身世帯でも多人数の世帯でも、同じように安心できるベーシックインカム、そういう制度がほしい。

小川さんは「**最初から7万円給付とせず、そこは目標とする。丁寧に理解と納得を大事にしながら、公平さと制度の持続可能性を旨とした改革を進めていきたい**」と話す。

ちなみにドイツでは昨年、ＮＰＯ法人などが中心となって月額15万円3年間支給という実験プロジェクトが始まったそう。民間主導の、わずか１２０人対象とは言え、3年間というのがすごい。ベーシックインカムは夢の政策じゃなくて、もう始まっている。私も実験台になりたいです。

住む場所さえも確保できない

みんなで頼り合い、支え合う社会の在り方として、小川さんはベーシックインカムにプラスして、さらに「ベーシックサービス」の実施も提唱している。

ベーシックサービスとは医療、介護、教育、子育て、障がい者福祉といった「サービス」を、所得の制限はなく、多くの人が無料で受けられるもの。財政社会学者の井手英策さんが提唱するものだ。

私自身、カナダを旅した折に医療費がタダと聞いて「カナダに住みたい！」と思った。フィンランド大使館へ取材に行った折には、「大学まで教育費は無償。在学中の生活費も成績が良ければ、特に最優秀でなくてもけっこう無料になります」というのを聞いて驚愕した。そういうことが日本でも実現したら、すばらしい！

すでに日本でも高校の授業料や保育園・幼稚園（3歳から）の利用料の無償化は少しずつ進んでいるけれど、大学の授業料も無償化されたら（注：2020年度からは条件が合えば「高等教育の無償化」は利用可能）、大学の奨学金の返済に苦しむ人がいなくなる。医療費の無料化が進めば、国民健康保険料が払えないから病院に行けずに亡くなる、という悲劇は起こらなくなる。さらに介護にかかる費用、これはどこからどこまでかにも依るけど、特別養護老人ホームの枠が拡がったら介護する家族も楽になるし、親のことで兄弟姉妹がケンカするのも、だいぶ減る。一家円満。当然、私はベーシックサービス万歳！なのだが、ベーシックサービスに於ける住宅扶助は可能なのか？という質問で巻き起こった、議論を書かせてください。

発端は私が「ベーシックサービスで賄われる医療、教育、介護に住宅扶助も加えてほしい」と提案したこと。

私は住宅問題にこの10年ほど、とことん困っている。家賃が高いなどの諸問題で数年おきに引っ越す羽目になっていて、今は心優しき友人が格安で物件を貸してくれて、そこに暮らしているが、ずっとは住み続けられない。何年かしたら、またどこかへ転居することになる。しかし私は中高年、単身、フリーランス、お金ありません、の四重苦。圧倒的に賃貸物件に於ける弱者で、不動産屋さんに行くと値踏みされる。

「お客さん、フリーでしょ？　この年齢でしょ？　なかなか難しいですよ」

そう鼻で笑われたときにはすぐ店を出て、自転車を飛ばしながらおいおい泣いた。住宅問題は私にとって生存権と自尊心のかかった、大きな問題だ。

だから「住宅扶助はベーシックインカムに組み込む頭じゃなくて、ベーシックサービスとして住宅扶助があるべきだと思うんです。年収に対して家賃が何割超えたら申請できるとか、そういう形での扶助がベーシックサービスにあってほしい。今、コロナ禍で家賃が払えなくてアパートを追い出されて路上生活になる人だって増えています。派遣業で働いていて、仕事がなくなると同時に寮代わりのアパートを追い出される人も多い。住宅扶助は絶対に必要なんです」と、熱く語った。なのに小川さんの答えは、さきほどの単身者向けベーシックインカムの答えとほぼ同じ。

申請ベースにしたり、持ち家を調べたりする条件を考え出すと、手間と不公平感が生まれます。給付を普遍的、公平にしたいのは、選別がはいってくると、受けられない人から怨嗟の声が上がるから。住宅手当ならベーシックインカムに最初から上乗せする考え方でいいん

30歳未満の勤労単身世帯の男女別1カ月平均消費支出の費目構成の推移

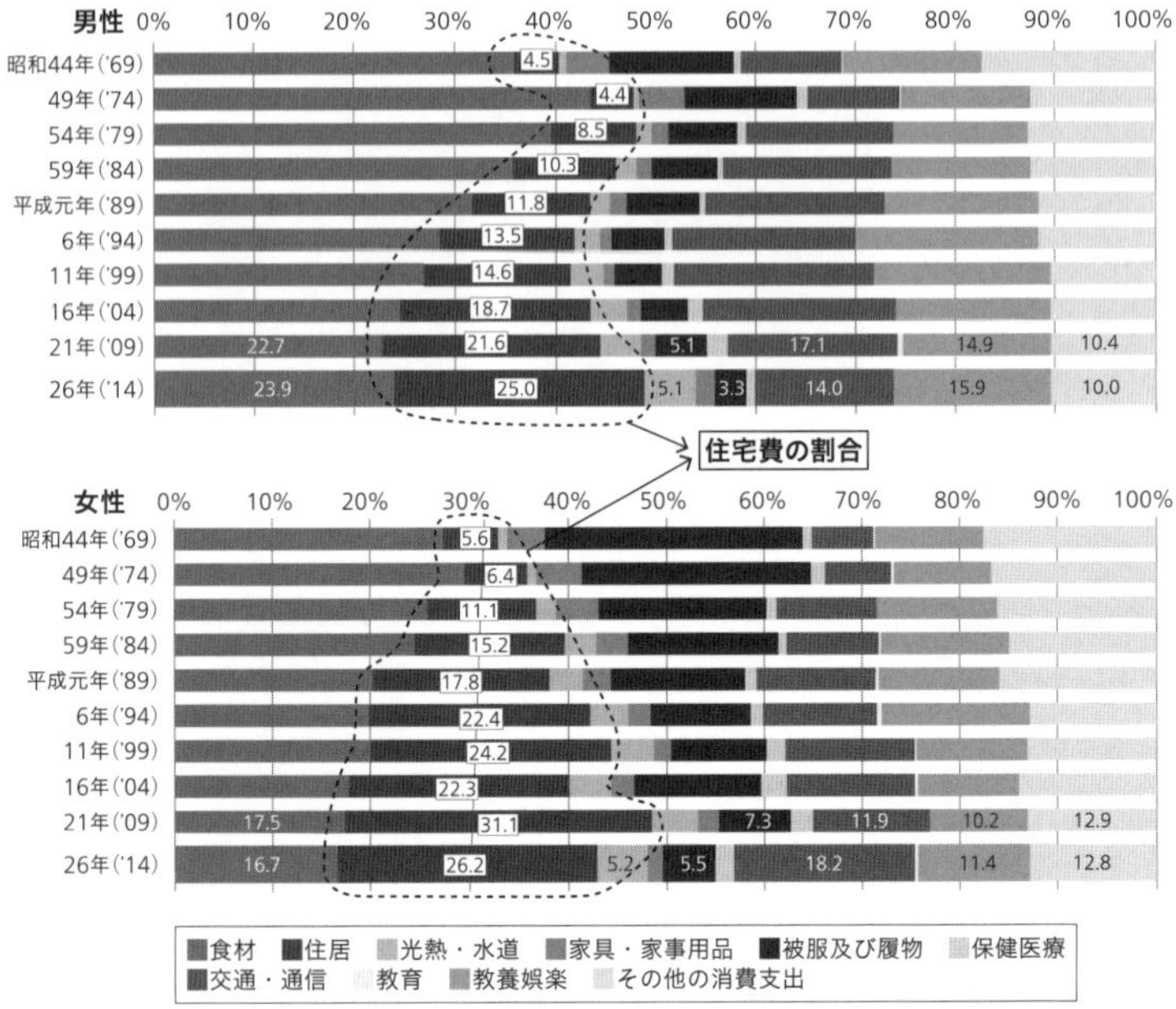

出典：総務省「消費実態調査」

じゃないですか。選別設計はできるだけ小さくした方が透明さやフラットさ、分かりやすさの意味でいいと思うんです。

何言ってるの〜？　フラットさよりハウジング・ファースト。住まいは基本的人権。住む場所を確保できない私たちには、手厚くしてほしい。ムッとして、怒った猫の顔みたいになる私。ここは譲れない。

なので、「30歳未満の勤労単身世帯の男女別1カ月平均消費支出の費目構成の推移」というグラフを見てもらうことにした。

「ビックリしませんか？　50年ぐらい前の住居費の割合は5％前後と負担率が低いです。それが、今じゃ収入の25％から30％、手取りで25万円としたら7万5000円が住居費になります。昔は余裕でなんとかなったけど、今は苦しい。暮らせない」

頷く小川さん。そこで、寮生活時代を思い出してもらう。

「学生時代、東京での家賃はどれぐらいだったんですか？」

「**僕は香川県の育英寮で、1カ月で3万5000円**。**6畳一間に2人ね**」

公益財団法人香川育英会の運営する寮。現在もあって「寮費月額5万4000円（朝・夕2食付、ただし、日曜・祝日を除く）」とある。ご飯もついて、この値段。すてき。でも、募集人員は1年で、男子で30人ほど。選ばれた人だけが入れる。勉強のできた男子たる小川さん、そりゃ手狭だろうけど、お安い育英寮で青春時代を過ごした。でも今、「寮」と言えば、私がすぐ思い浮かぶのは、派遣の仕事で入る寮代わりのアパートだ。

「住居の形態が変わって来たことで個人の負担も増えていますし、そもそも私のような中高年になれば借りること自体が難しくなります。こんなに空き家が増えていても、年を重ねるごとに、その入り口が閉ざされるんです」

重ねて訴えると、納得したように、「**それは国が保証人になる制度があればいいのかもしれないですね**。**そういう法人を作るのはどうだろう**」と提案する。

それはいい！　今、賃貸物件を借りるとき、保証会社を通せと言われることが多い。しかも、保証会社に入居時のみならず、家賃にプラスして毎月いくらかの額を払うことになる。物件によっては大した額になるし、そもそも一度審査に落ちると、次も落ちることが多く、普通の物件が借りづらくなってしまい、シェアハウスなど不安定な物件に住まざるを得ないことも多い。また、大家さんからの審査も別にあり、これには私自身も何度か契約がＮＧになった。物件を借りるのに、壁が何層もある。

「大家さん側も国が保証してくれるなら、何か問題があっても大丈夫だと安心し、貸しやすくなりますね」

ニコニコ言う私。はい、１つ、採択。ドンっ（ハンコ押しました）。国が作る賃貸信用保証協会。いいですね。協会なら、一般の保証会社と違って毎月、家賃のように保証金をぶん取ったりしないだろう。

でも、それだけじゃ解決には至らない。

これは個人の趣味と嗜好が入るけど、シェアハウス的な共同住宅を推進した方がいいんじゃないかという気がするんですけど、それは違いますか？　たとえばシェアハウスにする家は固定資産税を免除するとか。だって、人間は晩年を迎えたとき、どうするんだ？　仮に結婚している人もいずれはどっちかが一人になるんだし、独居老人ばかりの世の中でいいのか？　それなりに身体のあちこちが悪くなる。その中で、目が見えづらくなった人が、耳が聞こえづらくなった人を助ける。互いにサポートし合って共に暮らすのはどうでしょう？

小川さんはそう言うけど、気が短い私は、それ、たいへんな気がする。「やはりコミュニティは外に、住まいは個人を大事にすべきで、ベーシックサービスで住宅を支えてほしいんです！」と再び強く主張した。

意見の相違。膠着状態。まとまらない。すると、「**ヨーロッパとかはどうしているんだろうか。勉強が手薄でした。そこまでイメージしきれてなかった。ごめんなさい**」と小川さんが謝る。

そもそも住宅問題は国の政策であり、社会問題であると認知する人はほとんどいないんだという（『分断社会・日本　なぜ私たちは引き裂かれるのか』井出英策・松沢裕作編／岩波ブックレット）。

私は小さい頃、埼玉県の団地で育った。日本住宅公団が発足したのは1955年、当時は住宅問題が国政だった。私が団地に住み始めたのは1967年ぐらいから。数年前その団地を訪ねたことがあるが、私が子どもの頃とは雲泥の差、人があまりおらず、ひっそりしていた。きっと、空き部屋はいっぱいあるんだろう。「そういうとこで安い部屋を探して住めばいいじゃない？」と言われるかもしれない。でも、空いた場所に収まればいいってもんじゃない。私は自分の望む地域に住みたい。

この日の面談後、家に帰ってから「欧州各国の住宅手当制度」（増井英紀／季刊個人金融2020冬）というヨーロッパの国別住宅支援事業についての論考を見つけて読み、小川さんに送った。すると、次の面談のときに、小川さんは日本の住宅政策の誤りを指摘した。

住宅問題をあれから色々考えたんですが、日本の住宅政策のメインストリームは新築住宅の固定資産税の軽減と、住宅ローン減税にあるんですね。つまりどういうことかと言うと、新築住宅を優遇するんだけど、それは居住保障の政策というより、どちらかと言うと経済政策。とにかく住宅を作れ、作れという姿勢です。

それはGoToなんかと一緒で、経済的に波及範囲が広いんですね。家を一軒建てるには、様々な業種の仕事が関わってくるでしょう？　日本の住宅政策は根本的には居住政策ではないんです。

それに今、空き家が全国に850万戸あるという中で、どんどん新築を作れということ自体が資源管理的に持続可能じゃないし、居住保障にはならない。特に中低所得者層にとっては不公平で、金持ちの持ち家にばかり税金をどんどん使っている。これは居住保障としての住宅政策へと哲学を転換しないといけないと気づきました。

これは、ぜひ、国会で、住宅政策への提言としてお願いします。

ちなみに政府は2021年3月、新たな「住生活基本計画」を発表した。読むと、居住支援協議会なるものは存在するが、保証人にはなってくれないし、賃貸物件の借り入れに際しての融資もない。実際に役立たない、絵に描いた餅だ。となると、ベーシックサービスでの住宅扶助、さらに国が作る賃貸信用保証協会。この2つが実現したら、私の人生はすごく助かる。変わってほしい！

さて、この章で見てきた税の改革とベーシックインカムとベーシックサービス。私にとって税と社会保障の問題、さらに住宅問題は最も困っている、それこそ不安の根本原因だ。年金も満額給付を望めない私には、ベーシックインカムとベーシックサービスの実現は「死活問題」レベルで必要だと思う。そのための増税なら受け入れる。誰もこぼれ落ちることなく支え合い、生きていくための社会保障をぜひとも作って欲しいと考える。

しかし、これだけの社会構造変化、どうしたら実現できるんだろう？

あくまで理想ですが、トータルのプランを提示したら、最終的に国民投票にかけたい。国民自身の手で決めてくれと。誰かがいつのまにか制度を整えてくれるという世界観ではもはやないので、自分たちの手で乗り越えたという経験的な厚みと社会制度の変革を、同時進行でこの国にインストールできたらいい。これからも色々な危機は続きます。そのときに、その体験があれば、相当に強い免疫力を備えた日本としてやっていけるんじゃないか？という期待を込めてです。

でも、それができるほど政治に関心の高い国民性ではないし、それに目を向けてもらうのは難しいのでは？　それは無理でしょう、と決めつけてしまう私。

リーダーが本気になったとき、伝わるものはあると思います。まずは議論するための、国民会議を作ってもいい。公募で抽選でもいい。その時代なりと、その先の時代の人口構成に倣った100人。ひな壇みたいに並んでもらい、視覚的にも国の人口構成はこうですよ、と問題を見せる。討論をネット中継して多くの国民に問題を共有し、考えてもらう。そんなことを想像します。

それを実行するリーダーは、相当タフじゃなきゃできない。小川さん、それ、耐えられますか？　思わず聞いた。

わからんなぁ、それは。だけど、変なストレスじゃない。心の底から必要だと思えることで、みんなのため、後の世の人たちのためにもなると確信を持って伝えられる。色々疑問や悲鳴の声も上がるだろうけど、ひとつひとつ丁寧に説明し、納得してもらえるプロセスを踏む。だとすると、そう、それは、希望のストレスだよね。

これからの社会保障を立て直すには、政治家と私たちが共に侃侃諤諤（かんかんがくがく）、話し合うことは必須だというのに賛成する。政治家側に任せるだけじゃなく、私たちも、その責を負ってこそ、解決に向かう。その実感は大切だ。自ら汗することなく、この大きな局面を乗り越える力は湧いてこない。

読んでない本を引用するのもなんだけど、井手英策さんがフランスの思想家ルソーの『社会契約論』を要約して、「人間とは新しい力を生み出すことのできない存在であり、だからこそ、すでにある力を結び付け、方向づけることで、生存を妨げる障害に打ち勝つ力の総和を作り出すことが必要だと説いた」と書いている（『日本財政　転換の指針』岩波新書）。

みなで総和を築けたら新しい社会保障制度が生まれ、生活は安定して行く。その未来を想像すると、「何とかなる」という気がしてくる。私や、みんな、それぞれが一人ひとりでこれから来る難問だらけの未来を単独で背負い、生きていくのはとても大変だ。私にはとても背負いきれない。でも、1億分の1として、みなで希望のストレスを分かち合えたら？　なんとかなる。なんとか背負っていける。1億分の1主義。それで行きたい！

分からないことは恥ずかしいことじゃない

なんでいきなり最も難しいテーマから始めてしまったんだ、私は？　と後悔しても時既に遅し。小川さんが汗しながら語った財政の話。

フリップを私に見せながら、まるで国会のように語る小川さんの話を正面に座って聞いていて、前述したように、私は何を言われているのかよく分からなかった。

テープ起こしをして後から気づいたが、あまりの分からなさに小声で半分無意識のうちに「うぎゃあ」とか、「ええっ」とか、「ひえええ」とか、奇声を発し続けていた。恥ずかしい。

あまりに私がポカーンとしていて小川さんが、

「**えっと、内容が難しいわけじゃなくて、説明が難しいね。いや、自分の頭の中にないことはないんだけど**」とか、しどろもどろになっていた場面もある。

それで私は、

「私に分かるように説明するのが難しいんですよね？」と聞き、

「**そうそう**」とはっきり答えられてる。

でも小川さんはそれに、

「**和田さんに分かるように話すことは大きな課題、国家的課題だから。政治家がやらなくてはいけないことだ**」と言っていた。ああ、もう、私の分からなさ、国家的課題にまでなってる！　私、すごい！　いや、ごめんなさい！

しかし、それでも私、ぜんぜんひるまない。負けてなかった（？）。その後も引き続き、「ひゃああ」とか、「おそろしい！」とか、「頭ついていかない」とか、「やばい」とか、「どうしたらいいんですかね」とか、「なんか高度な話聞いた気はする」とか、熱心に語る小川さんに対し、分からないんだと言い続けていた。

ああ、私、本当に分からなかったんだなぁと、しみじみする。ちなみに原稿を書く前には、色々再び調べて勉強しました。これからも財政については勉強していきたいと、真面目に考えております、はい。

でも、でも、でも。よく分からないまま国会議員である小川さんに突っ込んで行って、財政の話をしましょう！と言った自分の勇気よ、ビバ！であると思う。分からないのは恥ずかしいことじゃない。分からないと言って、分からないことを聞こうとした私、すごい！と自画自賛したい。とはいえ、もう一度やれ！と言われたら、自分のやってることのヒエエ〜度が分かるだけに、尻込みするけど。何も分かってないこともよく分かっていなかった私だからできた！とは思うけど。

それにしても、そんな私に応えて熱心に話し続けた小川さんの情熱にもビバ！を叫びたい。もうしわけない！　いや、ほんと、もうしわけないと思ってます。あはは。笑ってるけど（私はあんまり深くは反省しないタイプです）。

そして、その帰り際のこと。私が「日本の問題が何か少し分かってきたら、別に何も変わってはないけど、不安がちょっと減ってきたと思う」と言うと、小川さんがたいそう喜んだ。「**その言葉が希望だ**」と言う。「小川さんが最初にそう言ったじゃないですか」と言うと、「**みんながそう思ってくれることが願い**」だと。国の問題を政治家と一緒に考え、悩み、理解すること。「**それをする人が一人でも増えれば、将来に向けて問題はほぼ解決したに等しい**」ことになるという。

とても大事なことを聞かされたと思った。そして、それは小川さんの政治家としての大きな願いで、自分の政治家人生でできることは限られているけど、「**そういう人が一人でも増えてくれれば、できることは無限大じゃないか**」と言う。

そして、その言葉を思い出しながら乗った帰りの地下鉄の中で、ふと、この対話は民主主義なのかな？と思った。

民主主義って、こんな風に国の代表者である政治家に、私たち一般の人が遠慮なく疑問をぶつけ、対話し、疑問に対してある一定の答えを導き出すこと？　そういう努力を重ねること？なのかな。

民主主義の根っこには「すべての人々が同じ価値を持っている」(『スウェーデンの小学校社会科の教科書を読む』)という概念があるという。小川さんも言っていた、誰もが同じ1億分の1。ならば、政治を語るプロではない相撲のライター兼アルバイターの私が疑問をぶつけ、予定調和にならない対話をする、それが民主主義か? そもそも民主主義ってなんだっけ? よく分からず、まだまだ疑問しかなかった。

それから、乗り換えで降りた飯田橋の駅でガチャポンをやり、家に帰った。さっそく次のテーマとしていた統計不正の資料をチラチラ検索し始めながら、その日のテープ起こしもやる。切れ目のない予習復習。「これぐらい学生時代に勉強していたら私にも違う人生があったのかも?」と思ったけど、いや、ないな。どんな選択をしても迷い悩んで私は結局ここに来ただろう、それが私。

ところで、そう、前述した統計不正問題。調べ始めてハッとした。安倍政権下での、統計の故意な不正が疑われるのは2014年から2017年頃にかけて。それは、私の人生で最もつらい時期と重なっていた。「地域おこし協力隊」に応募したのは2014年、占いの学校に通い始めたのも2014年。その時期、「こういう感じを『人生が音を立てて崩れ落ちていく』というのか」と、自分ではっきり自覚していたのを覚えている。

今も鮮明な記憶だ。「地域おこし協力隊」に応募した長野県から在来線を乗り継いで、静岡県沼津市にある実家に行った。人生を変えよう！　そう意気込んだのにまったくダメで、自分は「逃げてきた」と思って己を責めた。でも、「人間は時には逃げていいんだ」と、甥っ子の本棚に偶然見つけた漫画にあって、おいおい泣いた。

東京に戻ってからも何もかもがうまくいかず、あるとき駅に向かう途中の狭い路地で、小さな花壇に花が綺麗に植わっているのが目に入った。わあ、素敵って思うか？　違う。綺麗な花がたまらなく許せなかった。「花なんか咲かせやがって！」とむしゃくしゃした。私には花一本買う余裕がなく、ましてや花壇なんて持てない。私の靴が2足も並べば埋まる小さな花壇に猛烈に嫉妬して、それを踏みつけようとした。無茶苦茶にしてやりたくて、左足が数センチ地面から浮いた。踏みつけて、花を散らしてやれ、やれ、やれ！　足が花壇にかかりかけた。でも、できなかった。できないまま泣いて泣いて、電車に乗った。あの頃はよく泣いたまま電車に乗っていた。

それと同じ頃、こういうことが起こっていたのか……私は猛烈に統計不正を調べたくなった。1時間半に渡る小川さんの統計不正問題の責任を問う「根本匠厚生労働大臣不信任決議案」の趣旨弁明をぜんぶ、朝までかかって文字起こしして、統計不正の流れをまとめ、誰が何のために、どうやってやったのかを理解した。そこに花壇を踏みつけたくなるほど辛かった私という日本に住む人の影など1ミリもなく、地位を守るとか出世とか、どうでもいい欲だけが渦巻いていた。あのとき花を踏まなくて良かったとつくづく思った。花を犠牲にしないでよかった。

それが分かって、十分だ。あのときの私をホメてあげたい。花を踏まないで、えらかったね、と。あなたは何も間違っていない、と。

もし、この国の総理大臣が『良い数字はもういいから。そこはうまくいってんだろう？悪い数字はないのか。そこに困っている国民はいないか。そこで抱えている社会の矛盾はないか』そう問いかける総理大臣ならば、そもそも、こんな不毛な数値論争は、起きてないじゃないですか。表面的な言葉だけでなく、数値だけでなく、真に国民に寄り添い、国民生活を思い、国家の威信や国家の尊厳に勝るとも劣らぬ重要な国民生活への思い、民のかまどを憂う思いを、総理に求めたいと思います。（根本匠厚生労働大臣不信任決議案趣旨弁明）

それから、次の面談の資料と、お手製の統計不正の流れを追った資料を（自慢したくて）八代田さんに送り、「小川さん、お忙しそうですが、資料を読んでください」と書いた。すると、八代田さんが「統計のまとめ、小川に渡しましたよ。『すごいなぁ、よーやるわぁ』と言っておりました。たいへんお疲れ様でした！」と返信が来て、ひとりほくそ笑んだ。「よーやる」、最高なホメ言葉だ。勇んで次の面談に向かうことにした。

コラム

「国民」は使ってはいけない言葉

1章の最後の記述で、小川さんに「国民と政治家が車の両輪として……」と言われ、そのまま気にせず「一筋縄ではいかない私という国民」と、最初は書いていた。

ところが、原稿の下読みをしてくださった方から「国民という言葉には気をつけてください」と言われた。意味が分からないので、なんでですか？と尋ねると、国会議員である小川さんが日本国籍を保有する国民の利益を代表して使うのは問題ないものの、私が使うのは問題があるんだという。それで、私の側は市民とか、主権者と言い返してみては？と言われた。

えっ？「国民」と呼ばれているのに、いきなり「市民」や「主権者」で返す？ それは意味が通じなくて、文章としておかしくないですか、と答えた。

そもそも、「国民」という言葉、どんな意味があるのか？「大辞林」には、

こくみん【国民】

①国家を構成する成員。また、その国の国籍をもつ人々。国家の統治の主体として国政に参

加する地位にある場合は「公民」、君主国などにおいて統治の客体である場合には「臣民」とも呼ばれる。

②平安時代、国衙領(こくがりょう)の民をいう。

③中世、大和国春日社・興福寺領内で末社の神主をつとめていた地侍。

とある。①にあるように、「国家を構成する成員」として使っていいじゃんねと思ったが、その中に「その国の国籍を持つ人々」という意味があり、となれば日本国籍を有する人に限られてしまうのか。それは日本に住む外国籍の人は排除されてしまうという意味なのか、と思った。でも、まだ、なんとなくぼんやりとしか分からない。

そこから、色々考えてみた。

まず、小川さんは国会議員だ。日本国憲法の前文に「日本国民は、正当に選挙された国会における代表者を通じて行動し」とあり、さらに憲法第四章43条には「両議員は、全国民を代表する選挙された議員でこれを組織する」ともある。小川さんは「国民」の代表であり、常に「日本国民」を代表していて、その発言として「国民」と言って問題はない。憲法で定められているのだ。

じゃ、国会議員を選ぶ側である私が国民と言っても問題ないんじゃないか? そもそも、意識したことがありますか? 「国民」という言葉のこと。私は今まで疑問を抱いたことはなく、何の気なしに使っていた。

たった一言が気になり始めると、どんどん気になる。困って悩んで、文筆家の金井真紀さんに聞いてみた。「国民」という言葉、どう思いますか?

「小川さんが和田さんを国民と言うとき、それは日本国籍を有する人、有権者というニュアンスですよね」

そうそう、そうなりますね。

「でも日本に住んでいる人みんなが考えなければならない問題はたくさんある。だからやっぱり、ここは国民と限定しない言葉がいいかなぁ」

なるほど。日本で起こる問題が、日本国籍を有する人だけに関わるわけじゃない。だから「日本国籍を持つ人たち」に限定されてしまう国民という言葉を使わない方がいいと言う。さらに金井さんが、怖い例を出してくれた。

「非国民という、国の施策に従わない人を排除していいという意味合いの言葉を聞くと、国民という言葉のグロテスクさが浮き立ってきますよね」

ああ、そうだ、本当にそうだ。戦争に直結する、それは怖い言葉だ。

「でも、一方で日本国民にしか責任を負えないこともあると思う。国民という語を回避すれば、字面での差別はなくなるけど、責任の所在があいまいになるのも気になります」

うん、私もそう思う。隠すだけでは何も変わらない。

なかなか、答えが出ない。そこで、作家の星野智幸さんにも聞いてみると、「法的言語として、国民という言葉には日本国籍を有する人という意味があるので僕は使わないようにしています」という。

法的言語！　そんな解釈もあるのか。そこで星野さんは代わりに「日本の人」「日本に住む人」という、敢えてまどろっこしい言い方をすることで誤魔化されているものを自明にするんだそう。

「和田さんがそのまま国民という言葉を使うと、傷つく人もいます」

そう言われてガツンときた。周囲にいる、日本国籍を有さない友人、知人の顔が思い浮かんだ。それはイヤだ。

さらに『ヘイトスピーチと対抗報道』（角南圭祐／集英社新書）という本を読むと、「はじめに」の部分で「国民」という言葉にモヤモヤするということが書かれ、「今こそ全ての日本国民に問います」という文句を使う、あの番組が例にあげられていた。あの言葉が発せられると疎外感、差別、様々な思いを抱くのだという。

それから金井さんが、差別や人権問題に詳しいノンフィクションライターの安田浩一さんにも話を聞いてくれ、安田さんも「国民」というと日本国籍者のみというニュアンスが生まれてしまうので、「日本社会に生きる人々」という言葉を使うそうだ。

言葉を仕事にしている人たちは心を配り、「マイクロ・アグレッション（極小の攻撃）」に加担しないよう気をつけている。私はなんて迂闊だったんだろう。

それで私は「国民」という言葉を使うことをやめることにした。そして、このコラムを記すことでただ隠すのではなく、日本に生まれ育ちながら国民という言葉から締め出されて苦しむ人が大勢いることを伝えたい。一方で、小川さんの言う「国民」はそのまま残す。その理由は前述した通りだ。

何気なく使っていた国民という言葉について、初めて考えた。たった一つの言葉に、色々な意味があることを学んだ。

第4章

歳をとると就職できない理由

働く人の年齢差別

私は人生で一度も正社員を経験したことがない。20歳から6年半、湯川れい子さんのアシスタントとして働いたのが人生で最も長くどこかに所属して働いた経験だが、それもアルバイト。労働契約の締結とか、雇用保険や労災といった社会保険の知識に私も彼女も欠けていたので、一切そうしたものに入っていなかった。

ちなみに雇用保険法は１９７４年に制定されたが、私が働き始めた１９８５年、アルバイトにそれを適用していたお店や中小企業は皆無に近かったんじゃないか。私はその分、ご飯を食べさせてもらったり、服や靴を買ってもらったりと家族のように過ごした。ラッキーで恵まれていたし、なんてのんびりした時代だったろう。30年も前のことだ。

そして今、派遣など非正規雇用で働くことが過酷なのはご存知の通り。正社員でも先が見えづらく、サービス残業やパワハラ、セクハラも今だって横行する。

両親の介護で会社を辞めた友達は長く次の仕事が見つからないし、病気をした友達は復職が叶わない。会社が倒産した知人は求職せず、フリーランスとして仕事を個人的に請け負っている。それぞれ家族（夫や妻、高齢の親）がいて、自宅があるからなんとかなっている。

私自身もいい時代はとっくに終わった。今は休んでいるアルバイトを果たして再開できるか、50代後半の女性は雇ってもらえるか、いつまで働かせてもらえるか。考えると遠くを見たくなる。私はひとり暮らしだから、働ける限界まで働きたい。そう言うと悲惨に聞こえるかもしれないが、そうでもない。ひとり暮らしで書き物をして生活する私は、週に何回か外で働くのは孤独に陥らない術でもある。外の世界を見ることで、気づきももらえる。元気で長く働けたら、嬉しい。「よろしくお願いします」という気持ちだ。なので、小川さんの本『日本改革原案』を読んだとき、「最初に議論するのが『生涯現役』構想だ。もちろん生涯をフルスピードで働き続けるという意味ではない。あくまで年齢とともに衰える気力、体力に応じて、しかしそれでも生涯を通じて応分の貢献と収入の機会を得る。そんな柔軟で年齢差別のない雇用環境、社会を創るということだ」

と書いてあるのには、「それいい！」と思った。それは一体どういうところから始まった構想なのか？　労働がテーマの第4章、まずはそこから聞いてみた。

生涯現役という構想になぜ至ったかと言うと、根本には人口構造の変化があります。今は65歳、昔は55歳で定年を迎えます。退職したら、若い人が大勢働いているから、皆で少しずつ保険料を出してもらえれば、少ない高齢者は十分豊かに暮らせる前提で社会が設計されていました。世代間の扶養を前提とした国民皆年金・皆保険の制度ですね。

その社会は人口構成のピラミッドのすそ野がずっと広がっていけば永遠に回っていきましたが、永久に人口が増え、それに合わせて地球が巨大化するなんて、ないでしょう。まずは率直に間違いを認め、国民に謝罪する。その上でこれからの社会がどうあれば、みんなが人生をまっとうできるか、暮らしやすいかを考えなきゃ。それが社会の持続可能性を失わせ、国民を不安と閉塞感のもとに置いた最大の理由なんだから。

強制的に22歳前後で社会に出て、65歳で社会から放り出され、あとは年金で暮らしてくださいって、誰がそれを払うの？　55歳や60歳で定年という考え方はつい最近、産業革命後の工業時代にできた一つのルーティン。その既成の枠から抜けて、何歳になろうができることをやる、というのが『生涯現役型社会』の出発点です。

そこで「定年制」という枠をまず取っ払う。欧米では年齢による雇用差別そのものが禁止でしょう。定年制は廃止で、新卒一括採用なんて仕組みも早々に卒業しないと。雇用はひとえに、個人の意欲と能力次第で行われなきゃいけないと考えます。

考えてみると私自身、「定年制度は当たり前」と思い、70歳も過ぎた人が働くのは不幸！と捉えてきた。でも、定年制度はそうそう昔からあるものじゃない。明治中期に一部の大企業で始まり、記録に残る最も古い定年制は１８８７年の東京砲兵工廠の職工規定で、55歳。今の定年制が強制退職の側面が強いのに対して、当時は逆、技術のある職工さんたちが辞めないよう、足止め策だった。と言うのも、当時の実質的平均寿命は50歳だから、最初の定年制は文字通りの終身雇用。今ならさしずめ「定年80歳」って感じで、わが社でずっと働いてくださいね！というお願いだった。

なのに、昭和の時代にどんどん平均寿命が延びてもずっと55歳定年のまま。1986年に「高年齢者雇用安定法」で定年60歳を努力義務にするまで続いたというのだから、ビックリする。それだけ支える現役世代が大勢いて、のんびりしていたってことか。

これまでは高校、大学を卒業して新卒で就職をすると年々給料が上がり、ある一定の年齢に達したら昇進する。ポストは限られているから民間で言えば子会社に再就職したり、中央官庁で言えば天下りをしたりする。この機械的な仕組みに乗るか乗らないか、乗らなかったら死を！ぐらいに過酷な社会を築いてきました。

その中に閉じ込められて昭和の時代を過ごし、右肩上がりの思考回路でみんなが正社員ゲームに参加できた。

本当はバブルが崩壊して30年、雇用市場をもうちょっと柔軟なものに改められたらよかったのに、そうはせずに特権的に生涯雇用と賃金上昇、社会保障と退職金がセットになって守られた正社員というカテゴリーがごく一部の人に提供され続けてしまった。

その利権と利得を守るための調整弁としての非正規雇用が拡大し、人を身分的に2種類に分けてきた。みんな言うでしょう、上級国民とか。正社員は今や羨望の的です。そういう一律硬直化した仕組みを改めなきゃいけないんですよね。

定年制をゴールに設定された、日本のザ・昭和な正社員ワールド。輝かしく就職し、社会保障に守られながら賃金は毎年上がり、やがて定年を迎えるゴールデン・コース。考えたら、多くは男性の話であり、女性はこうはいかない（その話はまた後半で）。しかも今や、それはごく一部の特権階級に限られた社交クラブのようで、改めていかなきゃいけないと小川さんは言う。そのための最初の一歩としての「定年制の廃止」である。異論はあるだろうけど、ちょっと待ってね。そうするとおのずと生じてくる、社会保障含む色々なものがあるので、ゆっくり話していきましょう。

定年制が廃止されれば「年功序列の賃金体制」が、成り立たなくなりますよね。だって70代、80代で働く、おそらくフルタイムの勤務ではない社員の賃金を上げ続けることは難しいでしょう。そうなったとき、新しい賃金カーブをどういう曲線で描くべきか？

20代、30代は賃金が上昇し、40代でピークを迎え、50代辺りから徐々に下降していく。気力・体力の貢献度と、経験・人脈の貢献度がトレードオフになる。でも、50代で賃金が下がってしまうと、晩婚化の今は子どもの進学や住宅ローン返済に困る家庭も出てくるでしょうから、そこは生活保障の考え方の転換が必要です。

これまで日本は企業に社会福祉を担わせてきましたが、これをベーシックサービスやベーシックインカムが担って、政府が手を差し伸べる。会社と社員の関係を結婚から住宅、子育て、冠婚葬祭まですべてを担保する父兄的な関係から、経済性を軸としたフラットな関係にして、滅私奉公な価値観も修正すべきです。

税の話をする中で、減税で還付されて必要な社会サービスが受けられず、自助に追い込まれてきた私たち……と書いたけど、それを補ってきたのが会社という組織による様々な扶助だった。それなりに大きな会社に属していれば多種の扶助が会社から出て、生活が保障される。国は公共事業を多くやり、企業にお金を落とした。

それ故に大きな会社に属さない私のようなフリーランスや非正規雇用の人は、社会サービスはほとんど受けられず、「自己責任」の一言で済まされているのだから、生活が大変なのは当たり前。フリーランスの私には定年退職なんて関係ないわぁと思ってきたけど、少なからず影響を受けてきたわけだ。涙目になるわ。

そして今、正社員は減り、会社の力も落ち、扶助は削減され、みんな苦しくなって、これまでの在り方は崩壊しつつある。ちょっと、納得してもらえましたか？

ところで、これ、ご存知ですか？

２０２１年4月1日から「高年齢者雇用安定法」が改正され、60歳まで労働者を雇用していた事業主は、①70歳までの定年引上げ　②定年制の廃止　③70歳までの継続雇用制度の導入　④70歳まで継続的に業務委託契約を締結する制度の導入、などの条件から選んで努力する義務が生じるようになった。70歳まで働いてくださいってことで、いいのかな？と思って小川さんに尋ねると、そうでもない。

この法律は「雇用確保」から「就業機会確保」に転じているんですね。雇用だと雇用主に責任が生じるけど、就業機会だとフリーランスでやるような委託契約にすることもありだし、よく言えば柔軟。悪く言えば、そんな不安定な就労形態で70歳までやってくれというものです。どういう形であれ、70歳まで努力することを法律に謳ったことは尊いという人もいるし、逆に雇用の責任を果たす義務を解放しちゃって大丈夫か？という意見もありえて、二面性があります。

たしかに「65歳までの雇用確保（義務）」とあった旧安定法が、「70歳までの就業機会の確保（努力義務）」になっている。法律を読み解くって難しい。

新しい法律だと、①～③は雇用の継続だけど、④は仕事中に事故に遭っても労災保険は下りない。自転車でご飯を運ぶ、ああいうフリーランスの働き方にされちゃうってことだ。そして、企業側は自分たちに得な選択をするので、④を選びがちだ。高齢者の働き方で、それは間違っている気がする。

少なくとも65歳になったら退職ですとか、そういうことが今、表面的には言われてないとしても、実質的にそれを問わない社会にしないといけない。それには相当に調整を続けていかないとならんだろうね。これは皆の頭の中の固定観念の話でもありつつ、年齢差別はやはり法律で明確に禁止すべきでしょう。

ああ、私もそう願う。そうじゃないと、困る。

アメリカでは１９６７年に「雇用における年齢差別禁止法」が成立。40歳以上の労働者への年齢差別を「採用・解雇・賃金・昇進・労働条件等」で禁止し、１９８６年には定年制も廃止されている。また、ＥＵ加盟国も同様で、働く中高年に優しい。うらやましい！

濱口桂一郎さんの『日本の雇用と中高年』（ちくま新書）によれば、「人口の高齢化に対する唯一の回答は『長く生き、長く働く』こと以外にない」のであり、「しかしながら、日本以外の先進諸国では、そのための政策手法は主として年齢差別の禁止という方向に向かってきたのに対し、長く年齢に基づく雇用システムを維持し、かつ１９７０年代から１９９０年代に至るまでの時期にはそれを促進する方向の政策を進めてきた日本では、そういう方向性を明確にとることができませんでした」という。

日本では厚労省が２００３年に高齢者雇用対策について、雇用保険の機能が失われるからと、年齢差別撤廃を認めなかった。ほんと、日本の雇用って年齢！　年齢！　そして性別！　性別！って括られてきたなあとつくづく思う。

それが２００７年の第一次安倍政権下の「再チャレンジ支援策」の取り組みとして、就職氷河期に仕事につけなかった「年長フリーター（25歳〜34歳）」の雇用を促進するための見直し案として、６月に「年齢制限禁止規定」が成立した。マジか？

が、これ、「労働者の募集及び採用について、厚生労働省令で定めるところにより、その年齢に関わりなく均等な機会を与えなければならない」という規定で、あれ？　年齢で差別しちゃダメというのは主に出口（定年）の話だったはずが、いつのまにか入口（求人・採用）の話となり、高齢者は置いてけぼりになってしまった。

そもそも入口だって高齢者には厳しい。小川さんから、「**就業募集の場では年齢いくつまで、と書いてあることは多くありますか？**」と聞かれ、「実際には書いてないですよ。ハローワークに行くと、自分の条件を入れて仕事を検索し、いくつかプリントアウトして窓口に持って行くんです。この仕事いいなって。そこまでは年齢は一切書かれていません。でも、窓口で『ごめんなさいね、これはたぶん30歳ぐらいの人がいいのよね』って言われちゃう。書いてないけど、年齢での差別は依然としてあります」と答えた。

また、スーパーの求人など見ていると、65歳、70歳まで働けると銘打っていながら、よく読むと、「65歳からはシニア時給」となっていることも多い。仕事の内容はそれまでと同じなのに一定の年齢を超えると、シニア時給という高校生バイトのランクになってしまう。スーパーの裏方である総菜や製パン、鮮魚に精肉、青果の業務なんて、60代、70代のベテラン・パートさんたちが支えているのに、年齢だけで差別されることがいまだに起こっている。

私は言いたい。小川さんの言うように働く場面での年齢差別が厳格に撤廃され、定年という概念もみんなの頭から消えたら、多様性が拡がって、生きるのが楽になるんじゃないか？　年齢で区切ってあれしろ、これするなって、今は息苦しいでしょう？　特に女性は出産という年齢のハードルがあるものが横たわっているから、年齢に縛られて苦しい思いをする人が多い。それは間違ってる。人は年齢に囚われず生きるべきだ。年齢が足かせになってはいけない。働く人の年齢差別撤廃、そして定年制の廃止、心から願っている。

この賃金でこの社会保険料はおかしい

さて、定年制の廃止にも伴って、小川さんが提案しているのは、働く人が社会保険に加入する区別の撤廃と、退職金の撤廃だ。ザワザワザワ……。「それは無理」という方も大勢いらっしゃるでしょうが、まずは深呼吸して、退職金の話から！

柔軟な雇用環境を創るにあたって、高いハードルのひとつが退職金です。正規と非正規の雇用を比べたとき、正規だと退職金がもらえることが大きいですよね。退職金を出すのは企業の自由ですが、なんで成り立つかというと、退職金を優遇する「退職課税」が大きいんです。

退職課税？　初めて聞きました。

たとえば同じ金額を給料でもらうと所得税は高いのに、退職金として支払われた瞬間に退職控除が付いて、ほとんど税金を納めなくて済みます。でも、考えてみてください。40年後にそのお金をもらいたいか、今もらいたいか……普通は今ですよね。それが40年辛抱して退職金という形でもらえば、ほとんど税金がかからない恩典が待っているから、がむしゃらに頑張らざるを得ない。

これは昔の終身雇用制度、定年まで頑張ったらご褒美が付いてきますという、1つの会社に人生をしばりつける制度で、日本以外ではここまで高額な退職金はないし、課税優遇もないです。国によって1つの会社に長らく勤めることを推奨される制度で、それが据え置かれている。この退職金の優遇税制を見直さないと、公平で、流動性の高い雇用環境を創ることはできないと思うんです。

最初にも書いたように私は正社員になったことがないので、退職金がそんなことになってるなんて知らなかった。

3000万〜4000万円程度、大きな会社なら出ます。普通の所得税だと40%は引かれ、3000万円なら1200万円は引かれる。それが退職課税なら数十万円引かれるだけで済みます。

退職課税をいきなり廃止するとハレーションが起きるから、数十年かけて退職控除を少しずつ縮小したい。退職課税の特例がなくなれば、税金でもって行かれてしまうから、「今、働いているうちにください」と言いたくなるはず。退職金の分を、少しずつ小分けにして給料に上乗せするよね。

一部の正社員にだけ恩典としてある退職金を優遇する税制をなくすことはハードルがあると思うけど、原理的にはそこで積まれていた人件費は、正規・非正規関わらず、今働いている人たちに対する報酬として支払われる方向に変わると思うんです。

ちょっと退職金課税（所得税）について、自分で計算をしてみた。すると、たとえば勤続43年、3000万円の退職金をもらった人の場合は、退職金課税（所得税）はわずか20万1647円になる。これがお給料でもらえば課税額は1200万円だ。小川さんはこの退職課税を変えれば**「正規と非正規を区別してきた主要な壁の一つがなくなる。流動化され、柔軟な雇用構造を創るのに一役を買う」**とも考えている。前述したように、退職金のあるなしが、正規と非正規の雇用を分ける壁の一つになっている。非正規をなくせ！と叫んでもなかなかなくせないけど、正規と非正規の壁を一つずつとっぱらっていくことが大切だ。

とはいえ、これは反発が多そう。実行するのはかなり大変じゃないですか？

だから、きちんとした説明、説得をして、納得が得られることが大事です。このテーマについては今日明日に退職金制度を止めますじゃ、実現しない。20年、30年かけて控除を縮小していけば、徐々に「そんなお金があるなら今ください」という社員の方が増える。そうしたら会社も今働いた分は今お返ししようと考えるでしょう。そうすると、社会の構造が変わろうとするときに、雇用の硬直化から来る抵抗値は下がり、色んな社会の変革も暮らしを守りながらスムーズに移行していける可能性があります。

では、社会保険料もそうやって変えていくんでしょうか。

もちろん、そうです。社会保険に入る、入らないの区別だと、以前は130万円の壁とかありましたよね。今は106万円で条件が変わったりしますが、そうした区別をとっぱらって正社員とパートなど非正規との格差をなくす。働いたら働いた分だけもらって、その給料に応じて社会保険料を納め、それがまた本人に返って来る仕組みにする。最初の保険料は200円、300円でいいんです。大事なことは徐々に社会にインストールしていくと、やがて公平な制度に落ち着くんです。

時給から社会保険料払え！には、少なからず抵抗があるかも。最初は200円300円で良くても、徐々に増えれば徐々に抵抗が高まる。今、多くのパートさんは「年間130万円を超えない」ようギリギリ働いて、配偶者の扶養控除に入ろうとしている。少しでも損しないようにって工夫している。

考えると扶養控除って家父長制の象徴のようなもの。女性は家にいて補助的な役割ぐらいで働けばいいという概念に基づき、これこそ「脱家族」できてない制度。もちろん、それで助かっているパートさんの、あの顔、この顔、元同僚たちの顔が思い浮かぶ私にはそう簡単には否定できないし、お仕事いつもお疲れ様ですと言うのは変わらずだけど……。すると小川さんが、

「**最低賃金は法規制して、1500円ぐらいになるといいですよね**」という。

時給1500円！　今、最低賃金はいちばん高い東京都でさえ1013円（2021年7月現在）。それが1500円になれば、社会保険加入への抵抗感もぐっと減る。「公平な制度」と小川さんが言うように、同じ時間を働いても扶養控除がある、なしの不公平感も、全員が社会保険料を払うことになれば小さくなる。社会保険にパートも全員加入には、最低賃金のアップは欠かせない。

ちなみに、この時給1500円というのは「憲法で保障される『健康で文化的な最低限度の生活を営むため』に必要な最低賃金」として言われている額。何も根拠なく言っているのではなく、その実態を検証する参考値として、静岡県立大学短期大学部の准教授・中澤秀一氏が2015～2017年に全国各地で行った「最低生計費調査結果」から割り出した金額だ（『最低賃金生活保障の基盤』日本弁護士連合会貧困問題対策本部・編／岩波ブックレット）。

時給1500円、いいなぁと心から思うが、現実には全国の最低賃金平均値は902円（2021年7月現在）だ。ね、安いでしょう？　902円の時給の人が、そこから社会保険料を払うって、少なからず抵抗が生まれる。902円で1日8時間、週に1日だけ休んでギッチギチに働いても、1カ月で18万7616円。クッタクタで何も考えられなくなり、唯一の休みの日に選挙になんて行きたくないのは当然だろうと私も思う。

でも、時給が安いだけが問題じゃない。

以前に私がバイトしていたお店は、時給が1000円。フルタイムで1カ月働いても24万円程度の収入だが、それぐらいのバイト代もお店側は払いたくないらしい。一カ月フルタイム+残業で頑張った若いバイト君をいきなり社員として勝手に登録し、バイト代を大幅にカットし、激安の月給を渡した。大人しそうに見える彼は従うと思ったんだろう。ところが、彼は店を辞め、労働基準監督署に相談してバイト代を勝ち取った。そこまでは、良かった。でも、労基で彼が言われたのは「こういうことは日常茶飯事」って言葉だった。ひどすぎる。

小川さん、どうしたらいいんですか？

今、労働基本権が形骸化しています。労働組合の組織率は全労働者のわずか17％です。残りの83％は労組に属さず、労働基本権の恩恵にあずかれていないと言えます。私たち（立憲民主党）の支持団体である連合という労働組合はどうしても大企業の正社員が中心という、ある種の特別な人たちだけが集える場になっていて、だから労働運動、労働基本権を抜本的に底上げする公的な助け舟を出さなきゃ、と思うんです。

たとえば2015年、僕が厚生労働委員会にいたとき、派遣法の全面解禁がありました。派遣法は1999年に一部解禁されたんですが、昔はタイピストさんとか、通訳さんといった短期間の専門技能職に限られていました。

というのも、派遣法は労働法制の例外なんです。労働法制では、基本的に直接雇用の無期雇用が原則。でも、派遣法はそのどちらにもない。すべて例外。

じゃ、労働法制というのが、なんで特別に存在するのか？というと、日ごろ、民法上は誰と誰がどんな契約を交わそうと自由なんですが、「働く、働かせる」という契約においては、雇い主と雇われる人は対等じゃないという前提に立っています。だから法律が強制的に介入し、最低賃金はどうだ、労働時間はこうだ、休日はこうだということを、力関係のアンバランスを正すために強行法規を置いてるんです。

その労働法制をさらに補完するのが、労働基本権。一人ひとりは弱いけど、団結すれば経営者側と対等に話し合えるじゃないかという前提に立っています。


と、みなさん、また長い話が来ましたが、大丈夫でしょうか。働く私たちに大事なところです。最低限理解が必要なのは、派遣法に於いて労働者は労働法制で完全には守られてこなかった。しかも労働基本権も、その権利を使えていない。とても、大変っちゅうことです。

そのうえで、小川さんは労働組合の大切さを説く。


派遣法が改正された２０１５年、僕たち（野党）は徹底抗戦していたけど、話を伺った派遣労働組合の委員長さんに「そちらの組合に所属している派遣労働者はどれぐらい？」と聞いたら「１２０人です」と言われて、ショックを受けたんです。当時、派遣労働者は全国に

130万人。ということは、その組合員は1万人に1人です。そりゃ他にも組合が少々あるだろうけど、大きな組合でも120人しか組合員がいない。1万人中9999人は労働基本権を行使できないのかもしれない。派遣労働者は派遣元では団結しにくく、派遣先はバラバラだから、そこでもさらに団結しにくい。弱い立場で差別されたり、非常に脆弱な労働者になる。

1万人に1人って。それではぜんぜん、労働組合として力を出せないですよね。

でも、例えば法律の介入で「派遣労働者を採用する場合は、派遣労働組合に加盟している者であることを要する」という法律改正が通るだけでも、変わる。派遣労働者が100円でも200円でも毎月組合費を払って派遣労働組合に加盟し、派遣労働者130万人の代表が「この派遣法の改正には反対です」と言えば、政治力はまるで違いますよね。

こういうのを「クローズド・ショップ制」と言います。雇うときは労働組合に入っている人を雇わなきゃいけない、ってことが労使協定で企業内でも行われることがあります。それを業界横断的に、派遣労働者を雇用する場合は派遣労働組合の組合員であることにするとグッと組合が強くなり、派遣元と派遣先と労働者が、対等に交渉協議できる土壌が育ってきますよね。

なるほど、そうやって労働組合で守るのか！　そんな法律が作られたら状況がガラリ変わる。今の労働者派遣法では、労働者が守られていないのが現状だ。コロナ禍でも派遣切りに遭い、住む所も失い、路上をさ迷う人がおおぜいいる。だけど、法的に労働組合に加入した派遣労働者を雇わなければいけないことを義務づければ、政治力が高まり、労働者に有利な方に動いていく！派遣労働を含む非正規雇用ぜんぶが変わる可能性を感じる。

もちろん、今現在だって非正規雇用やパートやバイトを対象にした労働組合は、いくつかある。でも、それ、残念ながら、大きなまとまりとしては存在していない。

私と同じ店で働いていたバイト君も、労働基準監督署に訴えるしかなかった。だから労働組合への加入を法制化し、派遣を含む非正規労働組合が「連合」のような大きな組織になれば、働く人の力が増して、非正規雇用そのものがなくなるかもしれない。どうして今までその発想がなかったんだろう？　とても大切なことだ。

日本は地球温暖化対策にしても、世界の先進国で最も遅れているでしょう。コロナ対策でも、検査の拡大に失敗したこともワクチンの開発に遅れていることも、いろんな意味で国際社会に乗り遅れた日本になっちゃいましたよね。それ、どっから来ているかと言うと、やっぱり昭和の成功モデルがみんなの頭の中にも構造的にもあるからで、社会の新陳代謝がうまくいかなくなってる。古いことを止めて新しいところにエネルギーを注ごうとすることができない。

これは極端に言うと、再生エネルギーを進めたら電力会社に勤めてる人どうなるんだ、携帯電話を促進したら固定電話で仕事してきた人はどうなるんだ、電気自動車に変えていこうとしたらガソリン車作ってる人はどうなるんだって、日本は社会の構造変化が「雇用構造の硬直さによって阻止される」んですよ。

それは一人の人生を、大企業を中心に一生しばりつける方向に働いているからで、そこを解いてやり、その人が会社を移ろうが、移るまいが、少なくとも社会制度上で不利や齟齬はない、その分、今勤めている会社が変わろうとする変化のダイナミズムに貢献することへの忠誠心を増やしてくださいと言いやすくなるんです。

それぞれの人生の自由度と、正規・非正規の働き方の公平性と、社会の変化に対するダイナミズムと、3つの面からこれまで言ってきた様々な制度は見直さなきゃいけないと思っています。

労働問題を解決することは働くことそのものだけじゃなく、あらゆることに波及する。生き方にも地球にも。だから「定年なぁ……」「退職金なぁ……」「社会保険料なぁ……」と、思うところあるでしょうが、ちょっと考えてみましょうよ。労働問題に関するここまでのことに、私は賛成する。定年制撤廃、退職金課税制度の見直し、最低賃金1500円、非正規が入る大規模な労働組合、できたら私のようなフリーランスが加入できる労働組合も欲しい。そして、クローズド・ショップ制の導入。どれも実現したら私の生活は劇的に変わる。私を覆っていた不安の雲が、サァ〜と晴れていくようじゃないか。真の働き方改革って、これじゃない？

女性たちは競争させられている

女性の労働を調べる中で、ナガノハルさんが描いた、『わたしたちは常に競争させられている〜新自由主義とフェミニズム〜』という漫画を見つけた。新自由主義に支配される日本社会で、働く女性たちがいかに追い詰められてきたか！を分かりやすく描いた作品だ。

ナガノさんは就職氷河期にデザイナーを目指して就職試験を50社も受けるが、すべて不合格に。一般事務の正社員として就職すると、雑用しかやらせてもらえない。そこで「夢を仕事にする！」というナガノさんがかつて負わされていた「自己実現の呪い」にかかってスキルを磨き、60社以上も受けて転職する。しかし、パワハラや減給、転勤命令など過酷な条件を突きつけられ、心身共に病んで失職。それでも、女性よ輝け！と「女性活躍推進法」が安倍政権下の2015年に公布され、ナガノさんも再び巻き込まれる。周囲の女性たちも子育て、家事、介護に追われながら必死に働き、病んでいくばかり。ナガノさんはパートとして働くが、それは正社員として培った能力を安く切り売りすることに他ならない――。

この漫画で、女性が働く現実の厳しさを改めて突きつけられ、衝撃を受けた。私はフリーランスで働き、足りない分を補完的にバイトする。それなりに大変ではあるが、女性たちは、みんな本当に大変だ！

特に新自由主義の中、女性の権利が社会的に獲得されたかのように言われながら、やりがいばかりが搾取され、実際には家事労働や子育て、介護などの負担はそのまま女性に負わせ、ひたすら経済成長のための歯車となって働けば成果が上がる！　成功する！と追い立てられ、疲弊させられていく。新自由主義とフェミニズムの結託だ。

そうした「女性が活躍して経済成長させていけ！」って発想を、「政府」が発信し始めたのは２０１２年、なんと！　時の民主党政権からだった。当時、開かれた「女性の活躍による経済活性化を推進する関係閣僚会議」では、「働く『なでしこ』大作戦」とか、思わず倒れそうになる言葉が踊り、会議の出席者10人のうち、女性は3人しかいないし、共同議長はどちらとも男性だった。女性の活躍を願う！と言いながら、圧倒的に男性が仕切るって今も変わらないけど、男性には「オレが仕切る」ってのを、まずはお休みいただきたい。

さらに、女性と男性の「正規・非正規」の働き方の構成比率を表した表を見れば、またびっくり。非正規で働く、というと自動車工場などで男性が働くイメージが思い浮かんだりしがちかもしれないが、女性が圧倒的に多い。
年代別で見ると、最も男女で差が大きいのは、55～59歳と正に私の年代で、男性の非正規は11・4%なのに、女性は62・9%が非正規という、驚くべき数字。5倍以上の差がある。

15歳以上就業者の正規·非正規構成比率
（役員·自営業者家族従業者など含まず、男性、年齢階層別）（2019年）

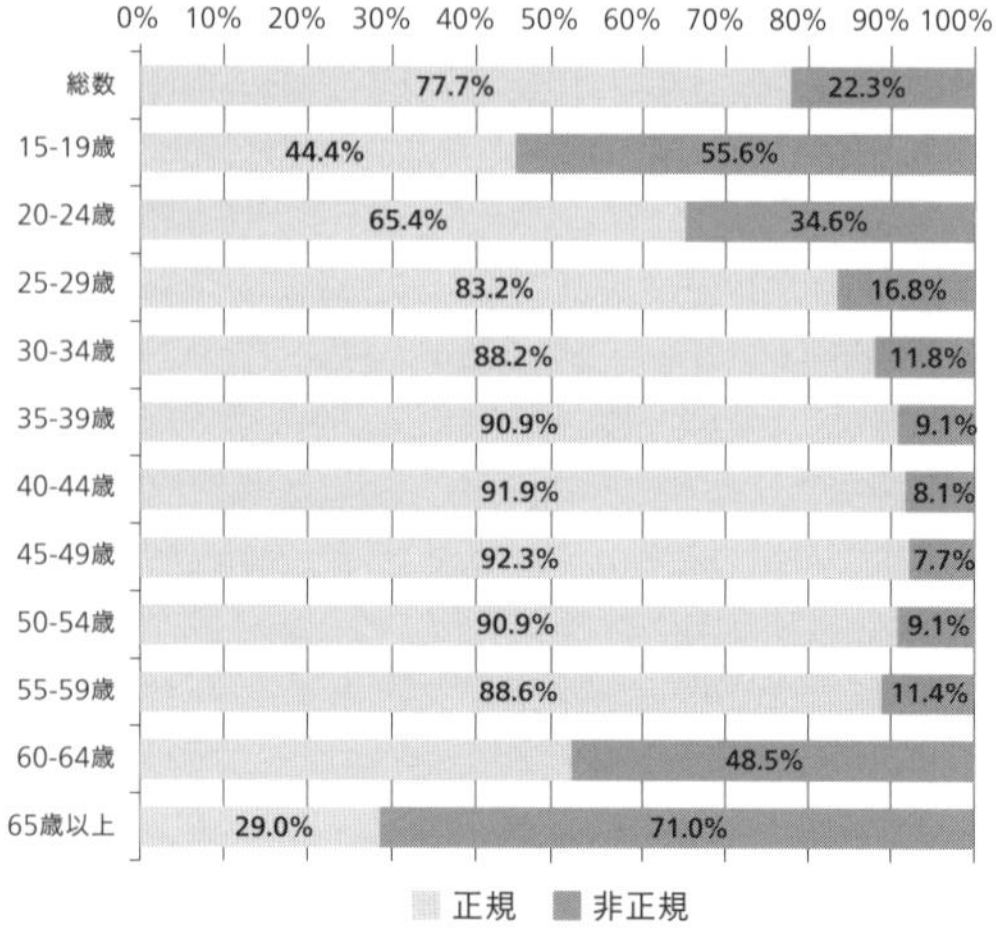

（同じく、女性、年齢階層別）（2019年）

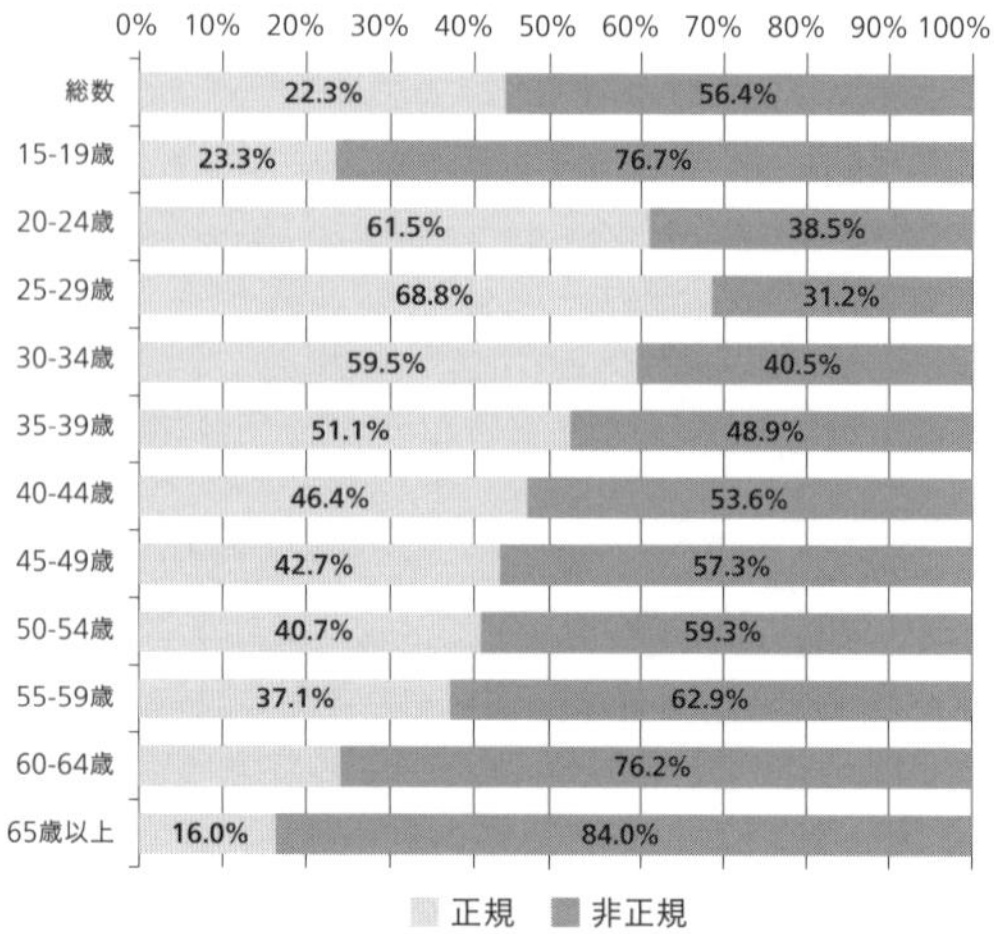

出典：国民生活基礎調査

20代までそんなに差はないけれど、30〜34歳になると男性が11・8％、女性が40・5％と差が広がる。これは20代までは正社員で働いていた女性が出産で一旦退職、その後、元の仕事や、正社員として再び働くことが難しいことを顕著に表している。私の年代で非正規がまた多いのは、親の介護が終わって非正規で働き始めることが影響しているだろう。

コロナ禍で女性の非正規労働者は仕事が半分以下に減ったり、休業手当が出ないままに休みにさせられたりしている人まで含むと、実質的失業者は90万人とも100万人とも言われているのは最初にも書いた。かくも女性はず〜っと、ひどい状況に置かれているのだ。

労働がテーマの回の後半、まずはこうした問題点を朗々と私が申し述べた。熱く語る私。聞く小川さん。立場逆転である。それから、女性の労働についてどう思いますか？と、男性の政治家である小川さんにいささか目をとがらせ、聞いてみた。

女性が日本の経済成長のためとかじゃなく、自己実現しやすいように選択の幅を広げることが大事ですよね。広がる選択の中には、元の職場に以前と同じように収まることも当然含まれていく、それこそがベスト。なのに、それが阻まれるのはやっぱり新卒一括採用〜終身雇用の同列ステップアップ・カルチャーから来ている。女性は結婚して子どもを産んで育休をとってレールから外れる、そこは他の誰かが埋め合わせして、もう戻る職場はないよっていうのがベースにあるわけでしょう。

逆に欧米だと、向こうなりの厳しさはあるだろうけど、一括採用や終身雇用はなくて、そもそも「この仕事ができる人来てください」という雇用のスタイルです。不安定さもあるけど、可能性は開かれていると思う。

一番はやっぱり日本の今ある雇用構造の硬直さを叩き壊すことが根本治療で、年齢のところでも出て来たけど、年齢不問の社会、それに性差を問わないジェンダーフリーの社会。現行法にもその精神は謳われているけれど、法律の上でも、文化の上でもさらに改めていかなければならないでしょうね。

欧米の雇用は男女問わず、仕事のスキル毎に人を雇う。日本の雇用は会社の一員になることを求められていく。その雇用のシステムに違いがあって、硬直さを生んでいるのだから、そこを変えなくてはいけない、というのが小川さんの論。

でも、女性の労働の問題はそれだけじゃ変えられないと、私はすごく感じている。まず、この正規・非正規での男女の差、どうするんだろう？「この正規と非正規の男女での数の差、小川さんはこれでいいと思ってますか？」と聞く。

いいとは思いません。ただ、これに関してだけ言えば、正規と非正規の壁を打ち壊したいと前段で言ってきていて、それが可能になれば、こうした統計すら世の中から存在しなくなりますから。根本治療の法的なアプローチと、男女差別を禁止したり、年齢差別を禁止したりする、強行法規的なアプローチ、両方いるでしょう。

モヤる。

「でも、実際に雇用の現場では年齢差以上に性差も歴然とあるわけです、賃金にも性差がありますす」というと、

「**それは法律の世界を突き進んで文化の領域に踏み込むから時間もかかるかもしれないけど、それでも、そうしていかないとならないと思います**」と、小川さん。

そうなんだけど、それ、言うほど簡単でも単純でもないと考える。たとえば働く現場で、男性たちは、自分のマンスプレイニング（上から目線の説教）に気づかない。私たちがどれほど泣かされてるかなんて、思いもよらない。この面談は、例の森喜朗さんの「女性がたくさん入っている理事会は時間がかかる」発言の前だったが、森さんの発言が代表するように女性へは様々な偏見が壁のようになって覆い、行く手を厚く、長い間ず〜っとふさいできた。

女性は感情的になる、女性は昇進に興味がない、女の敵は女とか、女性都市伝説の数々。やーめーてーくーだーさーい。昭和の昔から今も、日本社会の隅々にまではびこって変わらない、そうした偏見が根深くあり、女性の働き方、生き方を阻害している。

たとえば、この私。単身で暮らし、生活は大変と言うと、いとも簡単に「じゃ、結婚すれ

ば?」と、ずっと言われてきた。さらに、結婚してないから「かわいそう」とか眉をひそめられちゃったりも。どんなに頑張っていても「結婚していない、かわいそうな和田さん」らしい。そう言われることが悲しい。私はぜんぜんかわいそうじゃないのに。

「女性は結婚すればなんとかなる」幻想は日本を長く覆っている。実際に結婚していないと女性は銀行でお金を借りることにも苦労し、社会的信用を得にくい。そして、いらぬ劣等感を抱かされたりもする。

「『結婚さえすれば』という発想は、それこそ社会の『構造』には目を閉じ、閉じられた市場（どれだけ自分を高値で売れるか）の中で自分がどれだけうまみを得るかというあがきの中に己を閉じ込めていくだろう。陳腐な話で、個々の女同士が競争相手となるだろう。社会的な弱者が弱者を叩くよう誘導するグロテスクな『構図』が網の目のように存在する。この数十年、経済状況もかなり変わったというのに、変わらないものが厳然とある。その変わらないものもまた『見えない』もの、あるいは『ないもの』とされている」（『ぼそぼそ声のフェミニズム』栗田隆子／作品社）

大切なのは、そこだ。社会の構造。ぐるり回って、小川さんの言ってることに戻った。そこが変わらないと、女性の働き方や生き方は変えられない。

じゃ、その構造を変えていくには？　女性が働きやすい社会構造にする法的なアプローチがとれるようにするには？

やっぱり、「パリテ推進（男女の政治参画への平等）」しかないと私は思っている。女性議員が増え、女性が働きやすい、生きやすい、女性の立場に立った法律ができていかなければ、社会は変わらない。そう思う。なので、また熱弁した。

「私はパリテを進めて欲しいんです。今（2021年7月現在）、衆議院は465人中、女性議員は46人、10％弱ですよね。立憲は次の衆議院選挙で、小選挙区候補者200人のうち、16％の31人しか女性がいないそうですが、2017年、前回の衆院選は24％を超えてました。後退しちゃってます。立憲民主党が自民党と大きく違う点を見せられるのって、『女性候補が倍多い』とか、そういうとこじゃないですか？　女性議員が増えて、女性の声が通ることは社会全体を大きく変えます。だから、すごく大切なんです！」

熱弁終了。小川さんが頷く。


それは絶対にそうだと思う。前回の参院選では、立憲の女性候補は45％だったんじゃないかな？　最近あんまりやれてていないけれど、旧民主党が上り調子だったときには公募がけっこうできてたはず。とは言え、それもやっぱり応募段階から男性の方が多かったですが。

スウェーデンでパリテが一気に進んだのは、選挙制度が比例代表制だから、いわゆる拘束名簿方式というのを取ったんです。1位から順番に男女男女としていけば、必ず男女同数になるという仕組み。ただ昔、(日本の)参議院の全国比例は拘束名簿方式だったけど、男性の方が多かったし、党中央の影響力次第で名簿がいかようにもなるので、たぶんですけど、名簿の順番付けのためにお金が相当飛び交ったようです。拘束名簿方式はいいけど、そういう弊害もかつてあったことを覚えておかないとなりません。

なんとドス黒いおじさん世界よ……。とは言え、何もしなければ、何も変わらない。

「じゃ、とりあえず、最初はそれで何年かやって、だめになったら変える。強引にでも最初はやらなきゃ、女性議員増やそうとしないと、だめなんだと思います!」

力強く、宣言するように言い、「自由じゃない競争を強いられている女性たちが、自由な競争ができるまでやるべきなんです」と叫ぶ。

「**そのとおりだ!**」

小川さんも力強く頷く。よしっ!

衆参両議院、選挙は拘束名簿方式の導入を。女性男性女性男性と、名簿は交互に。もちろんクォータ制(あらかじめ議員の比率を女性に割り当てる)でもいいけれど、拘束名簿方式の方が、さらに強力に思える。違反した場合は政党助成金を減額するなど、厳しい措置を設けてほしい。

ほんとうは今度の衆院選から目指して欲しいが、それが無理なら次の参院選からお願いしたい。

2021年6月には、「改正候補者男女均等法」が衆議院で成立した。理念としてではあるものの、女性候補者の割合目標などを定め、女性議員へのセクハラやマタハラ防止策を織り込んだ。少しずつ法律が成長してほしい。

そのためにも、と私自身思う。これまでパリテ！と言いながらも、実際に衆議院、参議院で仕事をする女性議員のことをほとんど知らないできた。今後そうした女性議員たちを応援する活動をしたい。さっそく女性議員たちのSNSをフォローし、ホームページに飛んでは政策や活動などをチェックしている。地元の衆議院女性候補のサポーターにもなった。

そこから女性の労働環境を変えて、整えていく。追い込まれず、輝けようと輝けまいと関係ない。そもそも輝くってなんだ？　どんな生き方を選んでいても、他人にとやかく言われない、自己卑下しないで済むあり方を国として支えてほしい。それができたら、私だけじゃない、多くの日本に住む女性たちの不安が解消されていくに違いない。

待ったナシの移民問題

「日本では長らく『移民』という言葉自体がタブー視されてきた。日本は同じ言葉と文化、歴史を共有する『日本人』だけの国であることが当然とされてきた。今でもなお政府は『移民』という言葉を意図的に避け、まるで日本が一つの巨大な人材会社でもあるかのように、労働者たちを『外国人材』と呼んでいる。日本にはいまだに移民や外国人の支援や社会統合を専門とする省庁も存在しない」

これは『ふたつの日本「移民国家」の建前と現実』（望月優大／講談社現代新書）という本にある文章で、日本で働く外国人について考えるに欠かせない、とても大切な記述だ。私は日本政府が「移民」という言葉を避けていたことを、この本を今回読むまで実は知らなかった。というか、移民の問題に接しながらも、きちんと考えていなかったことに気づかされた。それは「国民」という言葉について考えてこなかったことにも通じる。

でも、周りを見回せば、今や移民の人たちは身近だ。コンビニやスーパー、ファミレスにファストフード、駅や病院の掃除に介護、マッサージ屋さんに工事現場と、移民の人たちと接しない日はない。どれだけお世話になっているだろう。コロナ禍にあっても休みなく働いていて、大いに助けてもらっている。

また、私は彼らと働いてもきた。同僚としていっしょにレジに立ったり、品出しをしたり、お弁当を詰めたり、コロッケを「揚げたてぃかがですかぁ」と声をそろえて叫んで売ったりした。その合間には、他愛もないおしゃべりもした。

さらに私は移民のおすもうさんが大好きだ。横綱白鵬。日本相撲協会に所属する力士の労働者性については裁判によって見解がわかれるそうだが、国境を越え、定住国を移動して働く彼は、移民である。他のプロスポーツ選手とは違い、数年だけ日本にいるわけではない。移民の横綱の彼は「同じ言葉と文化、歴史を共有する『日本人』だけの国」の横綱であれと大衆という無責任な声に言われ続け、ほんの少しでも異文化の片りんを見せようものなら、手ひどくバッシングされ続けてきた。彼こそ、移民という言葉さえタブー視され、外国人の労働者を外国人材と呼び、雇用の調整弁として使い捨てにしてきた日本に於ける「移民」の象徴のような存在かもしれない。

しかし、そうやって、移民の人たちと身近であり続けながら、Ｗｅの感覚をしかと持ってきたか？　私は自分に問いかけた。移民の人たちと日常生活を築きながら、私はずっとＴｈｅｙとして、他人事に捉えてきたんじゃないか？　決してＷｅにはならず、あなた方と私は違うって、心のどこかで思っていた。

たとえば何年か前、そう、私のどん底時代、近所の都営住宅にネパールの人が多く住んでいるのを見た。そのとき「なんで外国の人が都営住宅に住めて、ずっと東京都に住み、税金を納めてきた私が入れないの？　ずるいじゃん」と彼らを妬んだ。でも、それは間違えている。ずるくない。問題があるのは、都営住宅を増設せず、また入居条件を60歳以下の単身者でも申し込みやすく改善しない、東京都に問題がある。私のような住宅に困る単身者がこれほど増えているのに！　さらに、既に話し合ったように、日本の住宅政策の誤りであり、住んでいる当事者の彼らには何ら問題はない。外国人差別は、こういう誤った認識から生まれてくる。私はあまりに無知だった。

私は私に、そしてみなさんに腹の底から問いたい。私たちはＷｅになっていかなければならない。日本にいる『べき』は日本人だけ、日本人が何より優先されて当然という感じ方、思い込み、それを自分の胸に手を当て、しっかり、完璧に、1ミリたりともなくしていかなければならない。それを共有したい。

では、移民を考える、労働問題最後の項。小川さんの移民についての考えを聞いてみた。

何度も申し上げているように、日本は人類史的な人口減少と高齢化の入り口に立っているわけで、もちろん少子化対策には力を入れるのは当然ですが、これからは「徹底した開放政策」として、日本の社会制度の障壁を下げていかなければなりません。

その中で避けて通れない重要なテーマが、定住外国人受け入れの拡大です。過去、安倍政権が保守政権、しかもかなり右翼政権だったということもあって移民政策が十分に取られてきていません。

とはいえ、リベラルな政権ができたとしても、真正面から「移民を受け入れます」と言ったとき、果たしてどれくらい国内でハレーションが起きるのか？　日本社会独特の閉鎖性や均質性があって、外国人と共に暮らすことへの不安や心配、違和感が根強いですよね。これは丁寧にステップを踏んで説得し、対話を繰り返していくべきです。そのステップを踏まないと、ひどい排斥運動や極右政党の台頭などの大きな社会問題にさえ発展してしまいます。

ただ、もう、移民を受け入れていくことは必須です。現実がそうなってますよね？　たとえば高松のような地方都市でも、コンビニには日本人の店員さんが少なくなってきました。特定技能枠は（２０１９年４月より）問題を含みながらも、在留資格が少しずつ拡大されてきています。今後より多くの移民が日本列島で共に暮らし、働き、学び、消費するようになる。一層の共存共栄を図っていくことがたいせつです。

「移民」という言葉さえ使わない日本政府に対し、小川さんは「移民」という言葉を躊躇なく使う。それで、移民受け入れを前提に国を開いていく開放政策を最も大きなテーマの一つとして捉えている。特にコロナ禍となった今、「**国際社会が機能していないことが問題です。これからはどんな問題も一国だけでは解決していくことが難しい。すべては国際社会で解決していくことが大事だ**」という考え方を持っている。

それじゃ、私も考えてみたい。

まずは在留外国人統計を出入国在留管理庁のホームページで調べると、２０２０年６月で日本には２８８万５９０４人の外国人が暮らしていることが分かる。

そこからさらにネットで、みずほ総合研究所・岡田豊さんのレポートを読んだ。すると、日本の人口はおよそ１億２０００万人。日本に占める外国人の割合は２・３％になる。特筆すべきは在留外国人の生産年齢人口（15〜64歳）の割合が、85％なことだ。日本人のそれが59％なのに比べると、かなり大きい。しかも20歳から39歳までで全体の54％を占めていて、日本に住む外国人は圧倒的に若年層が多いんだそう。これはつまり、高齢化の進む日本において、若い働き手としてがんばってくれるということだ。

そこで大事になってくるのは、外国人にどうやって働いてもらうか？だと思う。

パッと頭に浮かんだのは、技能実習生のこと。コロナ禍で、その名をたくさん聞いた。

在留外国人統計を見ると、技能実習生は40万2422人も日本にいる（2020年6月）。この全員が苦しいことに遭っているかは分からないが、日ごろ様々な問題が起こっていることは間違いなく、この技能実習制度はどうしたらいいいんだろう？

〝NPO法人 移住者と連帯する全国ネットワーク（移住連）〟が作成した冊子「移民社会20の提案」では、「2017年に技能実習生の権利を守るべく設立された『外国人技能実習機構（OTIT）』の機能と権限の強化がまず必要」としている。

具体的には、①技能実習生の救済機関、労働組合、NGOへの多言語アクセスと緊急避難先を保障すること、②妊娠・出産や病気などの際の権利保障の周知を入国時におこなうこと、③賃金未払は管理団体の責任も大きいことから、受け入れ企業が支払わない・支払えないときには「仮払い」すること、④不正行為に直面した技能実習生がその場から逃げることができるよう、職場移動の権利を実質的に保障する制度とすること、とある（一部、略）。

考えてみると、これらは非正規労働者たちに必要なものにも通じる。働く弱者は、どの場面でも似ている。だから、その「外国人技能実習機構」が労働組合のように強い影響力を持って、技能実習生を守ることをしたらどうだろう？　移住連ではさらに技能実習制度を国連の勧告のように「停止し、雇用制度に変更」し、速やかに廃止すべきだとしている。

でも、すでに今、40万人を超える技能実習生がいるが、その人たちはどうしたらいいんだろう？　廃止しても、似たような制度が求められ、作られ、同じことが繰り返される懸念もある。

小川さん、どう思いますか？

技能実習生の問題についてはやはり、国連の勧告に従い、研修名目ではなく、雇用制度の一環として正面から認め、人権や生存権に十分配慮した制度設計をしていくべきだと思います。

きっぱり。そうか。制度設計を見直していく。ここは、やはりその一択しかない。迅速な対応をお願いしたい。厚労省と法務省、よろしくお願いします。

ところで、働く外国人、移民に関わる大切な「入管法」の改正案が、2021年2月19日に閣議決定され、最終的には廃案となったが、世論が盛り上がり、これまであまり話題になることのなかった入管法、入管施設、難民のことが、クローズアップされた。

きっかけとなったのは、その法案が問題となり始めた最中の2021年3月6日、名古屋出入国在留管理局の施設に収容されていた33歳のスリランカ人女性ラトナヤケ・リャナゲ・ウィシュマ・サンダマリさんが亡くなったことだ。誰かが犠牲にならないと動かない日本社会が悔しい。

その法案はしかし、難民申請中でも強制送還が可能で、国外退去命令に従わなかったら刑務所に入れられるとか、もう、めちゃくちゃだった。入管施設への、在留資格がない人たちの不当な長期収容が批判されているから、「長期収容しないんだからいいでしょ?」とばかりに、人を小ばかにした法案を出してきた。命がかかっているというのに、あまりに軽すぎる。日本はどうしてこんなにも、外国人は悪!とはなっから決めつけるんだろう? そう思い込む人がどうしてこんなに多いのか? まったく分からない。

入管法の改正案に反対する抗議行動が2021年5月、永田町の衆議院第二議員会館(小川さんのいる建物)の前で行われていた。そこに金井真紀さんが連日のように行っていたので、彼女を訪ねて私も足を運んでみた。すると、日本の女性と結婚し、子どもが生まれ、生活の基盤は日本にあるのに在留許可が下りず、働くこともできない外国人のお父さんがいた。

お父さんはぐずる娘さんにぶどうのグミをあげ、ジュースを飲ませ、なだめていた。胸にはもっと小さい子を抱っこしている。子どもたちはネイティヴな日本語を話し、パッと見、日本でもよく見かける、外国人の家族がいる姿だ。なのに、一家は常に不安の中で暮らす。お父さんはいつ、入管に収容されてしまうか、強制送還されてしまうか分からない。なんだろう、そんな毎日は？　私だったら、不安で吐きそうになる。

スピーチに立った大学3年生の女性は、大学1年のときに入管施設で行われている長期収容やプライバシー無視、暴力的行為など、人権が侵害される事態が多発している問題を知り、「それまで自分が信じていた日本とは違った。まったく知らなかったことに、自分を恥じるようになった」と切々とスピーチした。まだ大学生の彼女に、そんなことを言わせてしまって申し訳ない気持ちになった。

外国人は「外国人材」として働いて欲しい。でも、邪魔になったらとっとと帰って欲しい。だって外国人は社会に不安を与える存在だから――そういう扱いをしているのが今の日本。入管法は改悪されなかったけれど、今も入管の問題は解決しておらず、難民の認定率はわずか0・4％。小川さん、どう思いますか？


入管の収容施設はブラックホールのようで、何がどうなってるのか実際のところが分かりません。難民申請をする人たちが望んでいるのは長期収容されることなんかではなく、難民として受け入れられることですよね？　日本は難民の認定者が年間で40人とか話にならない数です。ヨーロッパはそれが数万人以上。せめて数百、数千単位での認定が望ましいと思います。

何がどうなってるかを超えて死んじゃってるし、入管がやってることはメチャクチャなんですよ！と、私は小川さんにわめく。

酷いことは分かってるけど、じゃ、これから先、難民を受け入れていくにはどうしたらいいか、解決方法を考えたいです。

えっ？　解決方法？　まずは法改正に大声で反対して欲しいんですけど！と、怒る私。この面談は、入管法の改正案に反対する抗議行動が続く真っただ中にあった。

そうだけど、たとえば和田さんが法務大臣で、その決裁権限で日本への難民申請を今の数十人から数千、数万にハンコひとつで増やせるとしたら、その後に日本社会に何が起きるか、考えませんか？　そのとき、どこに住んで働き、暮らしていくのか？が実質的には鍵になってきますよね。日本政府が「人道的立場をとりたい」と決断さえすれば、法務省と地方自治体をつなげ、受け入れの可能性を検討してもらうことはすぐにできる、可能だと思います。

すでに群馬県大泉町など、外国人コミュニティが築かれている場所もいくつかあります。大泉町は住民の19％が外国人で、東京だって新宿区は10％以上が外国人だと言います。まずは外国人、特に難民の受け入れ環境を自治体に決定権を持たせて整えていくこと、どう馴染んでいくか、実務的な角度から考えるべきじゃないか？と思います。

ある程度の受け入れ経験と実績があって、それなりに国際色豊かな街づくりをしてきた地域とかけあって、じゃ、今年は何人、次は何人と増やしていく。それが現実的な解決方法じゃないでしょうか。たとえば今、特定技能制度ができました、と言っても家族は連れて来られないとか色々制限があって、なんだ、相手は人だぞ？　人道にもとるようなことはしてはいけないと、思うんです。不必要な規制はすぐさま撤廃し、国際スタンダードに親和的な社会を創っていくよう考えることが大切です。


そうだった。小川さんは解決型の思考法。私はやみくもに怒る型。それじゃあ、心を落ち着け、難民に限らず、広く移民を受け入れていく日本へとシステムを変えていくのに必要なことを考える。

すでに、大泉町など外国人コミュニティを築いてきた町をモデルケースにするとしても、大泉町に限らず、どんな自治体でも外国人受け入れで困るのは、日本語教育だと聞く。日本語教育の担い手は慢性的に不足していて、職業としては非正規で低賃金が多く（ここもか！）、ボランティアも減っている。難民受け入れには日本語教育の担い手育成が欠かせないという問題も、小川さん、国会でよろしく議題にしてください。

そしてもう一つ、とても大事なのは、なんと言っても地域の受け入れ、理解だと思う。自分の街に難民がやって来る――それは自分たちの生活にどう、つながるのか。地域住民への難民教育も必要になるかもしれない。

明日から急に変わりますというのは難しくても、徐々に変わっていくし、変わっていかざるをえない。ただ何度も言うように、大事なことはきちんと法制度を整えて、人道にもとるようなことがある国だと言われないようにしていくこと。このまま移民受け入れに寛容でない国では、例外なく人口減少が進みます。むしろこれからはいかにして選択してもらい、就労、学習、研究、居住、消費を行ってもらえるか、その獲得合戦になると思った方がいいですよね。

働く移民の問題は待ったナシだ。とはいえ、私は仲良くしている生活困窮者支援団体や金井真紀さんのような友人が移民支援、難民支援をしていて、話を聞き、その過酷さを知ることができている。でも多くの人は、その困難を身近に感じることは難しい、それでも、どうか関心を持ってほしいと願う。ネットには、そうした記事も増えてきた。少しずつ理解を進め、みなが移民の人たちの不安を共有していけたら、社会にある不安の要素が薄まることで、結果として自分の不安も薄まることにつながると思う。誰かをひとりにしたままの社会では、いずれは自分もひとりにされる。共にこの国に生きているのだと、もう一度胸に手を当てて、よく、よく、考えたい。

コラム

小川さんが100%正解ではない

労働問題を話し合う回の冒頭、小川さんが、「本題に入る前に……」と切り出した。えっ？なんか私、やばいことしましたかね？　ドキッとしたら、違った。

この大事な時間なんだけど、数回、議論させてもらってつくづく思うのは、正解ってないし、私と和田さんは正解を教える先生と、その生徒というものでもないでしょう。私の方がたぶん、入れてきた知識の量とか、考えてきた時間の厚みとか故に持ってるものは一日の長ではあるとは思うんだけど、でも、ものすごい馬力で急速に追いついてきてるし。思うにこの場のコンセプトは、専門家であり、責任ある立場の人間と、普通に暮らしてきた人が、取っ組み合いで一緒に考える、それだと思う。

「わあ、それです！　それなんです！」興奮して食い気味に答えた。

「まさにそうで、教えてもらうのではなく、共に考え、解決を目指したいんです。でも、考える上で、必ずしも100％小川さんが正解とするわけでもなく、私はこうだ、これは違う、こっちはどう？とか、そういう風に自分で考えていかないと意味がないと思うんです。できているかどうかは別としても」

そう、自分は正解を与える先生でもないし、そこまで完璧でもないので。やっぱりそういうことだよな、この場は。その延長線上として、僕が国民のみなさまとやりたいことなんです、これが。つまり、正解はない。だけど、考える材料はあります、オプションはこれぐらい用意できます。メリットと負担を含めたデメリットはこういう具合で天秤にかけることができます。じゃ、みなさん、どうしますか？と。お年寄りも現役世代も子どもも大事、まだ生まれてない人たちも大事、あるいは日本に暮らしてない人、地球の上に乗っかってる別の国の人もある意味で大事。あらゆることを天秤にかけ、バランスを計ってどうしようか？と。私も悩んでるから、いっしょに悩んで、たった一つの正解じゃない解に、リスクを背負って、決断して、歩みを始めよう、というのがやりたいことです。

それ、税と社会保障のときに言ってたことにも通じますね。それですね、それ。

だから和田さんは1億2000万人の右、代表で。私はそれでトレーニングを積ませてもらっているという感覚です。

えっ、代表？　そりゃまた荷が重いが、しかし、受けて立ちましょう。「ものすごい馬力ついてきた」と、まるで「幕下上位十五番目以内に上がって、十両目指して全力以上の力で頑張る若手力士」（相撲たとえ）を称えるようなホメ言葉をいただいたのだから。そして、代表に選ばれた私にはきっと仲間が大勢いる――コロナ禍のずっと前から生活はカツカツで、それでもなんとか生き延びてきた。自分を肯定することができなくて、自信が持てない。だからこそ確かな自分なんてどこにもなくて、いつまでもフワフワ生きながら不安に揺れ、それでも自分はただ自分でありたいとあがいてきた。なのに、ダメだよねぇ。誰かを羨み、妬むどうしようもない気持ちが沸き起こり、それとも戦ってきた。強がりながらも、ああ、結局はひとりなんだと感じる時はコンビニの菓子パンが友達で。定期的に訪れるウツの時には、公園の木にじっともたれかかってきた。そんな私に、「あるある」「同じ同じ」と言ってくださる皆さんがいてくださると信じている。だから私は謹んでここに、右、代表となる。私はみんなの不安の代表だ。そう思っている。

ここに至るまでの道のりも振り返る。

最初は何が分からないかも分からなかったところから、学びが始まった。以前の私はただ思い悩んでいた。思うことと、考えることは似ているようで違うと実感したのは、この学びが始まってからだ。長い間ずっと私は思ってはきたけれど、考えてはこなかった。思っている間は地中深く潜って行き、出口は見えず、暗闇の中でグルグル迷うだけ。でも、考えることは、前を向いて解決策を探ることだ。人との対話を模索し、「ああ、そうか」と納得して分かる。もちろん、ぜんぶは分からないし、すぐ解決はしない。でも、解決への道筋が見えることは、もう解決したとほぼ同じこと。

じゃ、小川さんはどうだったんだろう？

いっしょにやりましょうと返事をしたものの、ノー・プランでライターが来た。できるのかな、この人？って、きっと半信半疑というか、半分以上が「疑」だったんじゃないか。ニコニコしてるけど、ほとんど黙ってるし。でも、回を重ねるごとにズケズケ物を言い、妙に分厚い資料を送りつけてくるようになった。最初は1問も立てられなかった質問を、時間が足りないほど作ってくる。やる気やな？　オレも負けへんで！って、そういう風に思ってくれたかもしれない（あくまで想像です）。

そして、取っ組み合いで一緒に考える場になった。決して最初からそうだったんじゃない。私という人と政治家が、共に様々な思いや考えをめぐらせ、疑いながらも信頼しようと努力し、学び、話し合う時間を重ねて築いた。限られた時間の中で、「私、韓国ドラマの『ミセン』が大好きなんですよぉ。チャングレ最高」なんて無駄話は一切せず、ひたすら問題を提示し、解決策を探った。

ああ、これが民主主義なんだろうな。この面談と、私の「午前3時さまの学び」の日々そのものが。

小川さんは言う。「**民主主義は労力、手間暇がかかる**」って。それでも「**手間とコストを惜しんではいけない**。**時間をかける**」って。

手間とコストと時間は十分かけている。

よし、私は急がず慌てず行こう。もうちょっと考え、学び、話し合いたい。そう思った。草は伸び続けるのだから、草を刈り続けたいって。

民主主義を守るためには、

「**みんなが政治的に賢明になること**」

が大事だと言う。「人に言われて、そのとおりに動くのではなく、自分の判断で、正しいものと正しくないものとをかみ分けることができるようになること」が、大事だとする。「ひとりひとりが自分で考え、自分たちの意志でものごとを決めてゆく」んだと（『民主主義』文部省／角川ソフィア文庫）。

うんうん、そうだ。決して政治家任せじゃなくて、私たちみんなでいっしょに、草を刈りましょう。

いったん本を閉じ、外に出て、現実に誰かと今の政治の問題を、対話してはどうでしょうか。話し合う相手はなにも政治家である必要はないのです。広くみんなでやれたら、それがやがて政治を動かし、社会も変えていくんじゃないか。小川さんの言う、

「**たった一つの正解じゃない解に、リスクを背負って、決断して、歩みを始めよう**」

ということが、できる日がやがて来る。

いや、もちろん、ハードルは超〜〜高いですよ。もじもじ。そわそわ。挙動不審になる。友達や知り合いと政治の話をする。その、最初の一言目はどうしたらいいだろう？ 悩む。固まる。たとえば、

「映画『なぜ君は総理大臣になれないのか』って、見ました？」

なんてのは、どうだろう？ これなら臆せず、言える気がする。

そうして焦らず、少しずつ、政治に参加していく。そうなったら、すごいことだ。

第5章

見て見ぬふりをしてきた
環境、エネルギー、原発問題

「私たちの家は火事になっている」

聞いたことがある人もない人も、２０１９年1月23日に「世界経済フォーラム年次総会（ダボス会議）」でスウェーデンの16歳（当時）の学生グレタ・トゥーンベリさんが行ったスピーチの一部を、まずお読みいただきたい。

「私たちの家は火事になっています。私はそのことを伝えに来ました。私たちの家が燃えているのです。私たちは今、恐ろしい危機に直面しており、莫大な数の人々が声もなく苦しんでいます。礼儀正しく伝えることや、言って良いことと悪いことを気にしている場合ではありません。はっきりと事実を話すべき時なのです。気候変動の危機を解決することは、人類が直面した問題の中で最も困難で複雑な課題です。しかし、その解決策は、非常に簡単で、子どもにも理解できるものです。温暖化ガスの排出を止めれば良いのです。やるか、やらないか、それだけです。

私たちは歴史的な転換点にいます。私たちの文明そして地球の生物圏全体を脅かす気候変動危機を少しでも理解している人は、それがどんなに気まずくそして経済的な不利益を伴うことだとしても、はっきりと明快にメッセージを伝えなければなりません。私たちは、現代社会のあらゆ

る側面を変えなければいけません。あなたの二酸化炭素排出量が多ければ多いほど、道徳的義務は大きいのです。属する組織が大きければ大きいほど、あなたの責任は重いのです。

大人は皆、『若い世代に希望を与えないといけない』と言います。しかし、私はあなたたちの希望など要りません。あなた方に希望を持ってほしくないのです。むしろパニックに陥ってもらいたいのです。私が毎日感じている恐怖をあなた方にも感じてほしいのです。そして、行動を起こしてほしいのです。危機の真っ只中にいるかのように行動して下さい。家が火事になった時のように行動して下さい。実際にそうなのですから」（『気候危機』山本良一／岩波ブックレット）

いきなり長いの、読んでくださり、ありがとうございます。

気候危機は大変な問題だと、少し認識していただけましたでしょうか。かく言う私、恥ずかしながら、まったく分かってなかった。聞き流し、見ない振りをし、知らん顔してきた。今回初めて『グレタ　たったひとりのストライキ』（マレーナ＆ベアタ・エルンマン他／海と月社）を読んで、「どうしよう？　どうしよう？」とパニックになって部屋の中をひとり真夜中に行ったり来たりしたぐらい衝撃を受けた。グレタさんに教えられた。私たち今、めちゃくちゃ危機にあるんじゃないか？　不安の塊になって、大慌てだ。

実は小川さんも『日本改革原案』で、最も重要なテーマは気候変動／環境問題にあると書いていた。

「人口問題に勝るとも劣らず最大の試練となるのが、エネルギー環境制約への適応だ。実は人口減少や人口構造の激変すら、究極はこのエネルギー環境問題への人類の適応からきている」

これは、どういうことですか？

人口構成の問題は何度も話してきたけど、実は10年ぐらい前にある大学の先生に「人口減少高齢化の問題とエネルギー環境問題に関心があります」と話したら、「その2つは別々の問題なんですか？」と問われてハッとしたんです。なぜ人口は減少に転じたのか？　それはひょっとしたらエネルギー環境問題で生き物として制約を感じた人類が、個体数を減らす方向に舵を切ったということかもしれない、と。2つの問題が自分の中でつながったんです。たとえば細菌ですら、シャーレの中で増え続け、やがて環境限界に達すると、分裂をやめるんだそうです。日本では10年前から、韓国では2020年から、中国では2022年から人口減少局面に入ります。

環境限界？　何やら難しいが、小川さんの考え方として、「**政治的・社会的に持続可能性を回復するため、人口減少を肯定したい**」という。えっ？　人口減少は問題でダメなことだと思ってきたんですが、肯定するんですか？　そこ、いきなりビックリ。

今の暮らしなり、暮らしの規模、つまるところ「人口拡大」と「経済成長」は、産業革命以降、化石燃料（石油、石炭、天然ガス）を大量に燃やすことによって支えられてきた。だからエネルギー消費を落とし、物の消費を落とし、地球への負荷を減らせる人口減少が希望になりうるんです。

人口減少を嘆いているが、そうじゃなく、地球環境を整えていくためには、それはプラスに働くという考え方か。

化石燃料は46億年の地球の歴史の中で動植物の死骸などが堆積してきたもので、それを作ってきたのは、過去46億年間に降り注いだ太陽光です。化石燃料を燃やすことがなければ、今の社会はなかった。たとえば、50階建ての高層マンションに住んだとしても、エレベーターは動かない。さらに地下鉄も動かない、車もない、電気もつかない。そもそも人力で高層ビルは建てられないでしょう。

ところが大量に燃やした化石燃料で、空気中の二酸化炭素は産業革命以前の1・4倍にも増え、地球の平均気温は約1℃上昇しています。今世紀中4℃上昇してしまう予想もあります。

だから46億年間降り注いだ太陽光を有機物の形でストックした貯蓄を取り崩す生活から、

毎日降り注ぐフローの太陽光にエネルギー源を転換していかなければなりません。それが、エネルギー環境問題における持続可能性の本質なんです。

今の生活は石油や石炭、天然ガスなどの化石燃料をたくさん燃やして成立させてきた。それで人口は爆発的に増えたけど、燃やし燃やして二酸化炭素を排出しまくり、それが地球を覆い、温暖化が進み、環境が侵されてきた。

その危機を人類が生物として本能的に感じ取り、人口が減少してきたのだから、これからは化石燃料として地中に貯め込んできた過去の太陽光エネルギーを使うことを止め、日々降り注ぐ今の太陽光をエネルギー源として直接使おう、というのが小川さんの考え方ですか？

そうです。それができていたのは、日本で言えば江戸時代まで。太陽光発電じゃないですよ。稲作も生活に欠かせない薪も、太陽光エネルギーを使うことで生まれます。頭の切り替えが必要です。田んぼに太陽光パネルを設置して発電するのも、パネルの代わりに稲を植えるのも、全てエネルギー源は毎日降り注ぐフローの太陽光ということ。だから太陽光発電と稲作は等価なんです。その理解に立つことが、「持続可能性」とは何であるか？ということを本質的に知ることにつながります。

やがて、江戸時代が終わり、世界も同時期、化石燃料を掘り出して燃やし、人口は急カーブで上昇を始めました。産業革命です。それをもうちょっとイメージを膨らませてもらうと、人口を増やすということは地球上の窒素や炭素をエネルギーによってアミノ酸に転換し、たんぱく質にして人体の形にしてきたってことです。

アミノ酸？　たんぱく質？　ごめんなさい、途端に分からなくなる私です。

本質を極めると、エネルギーを使って人類は地球上にある炭素や窒素を人間の形に形成してきたということです。だいたいオイル1リットルで、人間10人が1日で生み出す労働力エネルギーに等しいと言われます。人体の増産（＝人口増）と経済発展を果たしてきた化石燃料のエネルギー源を取り崩して使うことはもう止めて、毎日降り注ぐフローの太陽エネルギーに依拠する文明スタイルに変えていかなきゃいけないんです。太陽はあと50億年ほど輝き続けると言われます。それまで持続可能です。

持続可能なエネルギーへ転換する必要性は、グレタさんも切々と訴えている「地球温暖化」を止めるために必須だ。家が燃えている！　もう四の五の言っているときではない。

大気中の二酸化炭素濃度は、産業革命以前は２８０ｐｐｍだったのが、２０１６年には南極でさえも４００ｐｐｍに増えている。それが地球の上空を覆っている。人為的な二酸化炭素排出量を2050年までにゼロにして、気温上昇を2℃未満、できるだけ1・5℃未満に抑えて、地球温暖化を防ごう！というのが今の気候変動への防御の考え方だ。

それ、そんな先の話だけではない。産業革命以降、人は「飛躍的な破壊能力および移動能力をこの化石燃料の燃料エネルギーによって手に入れることができた」（『世界』五箇公一／2021年2月号／岩波書店）けれど、今、コロナ禍がやってきて、私たちの生活は制御されている。

「これまでの資源消費型グローバル社会の歩みを止めて、他の生物種たちとの折り合いをつけながら生きる自然共生社会へと人間社会が舵を切らない限り、我々は人類はいずれウイルスやそれ以外の自然からの災害によって、滅ぼされる――とまでは言わずとも、おおきな社会崩壊を招くことになるであろう」（同）と、このままではウイルスの脅威からも逃げられない。私たちは滅ぼされるかもしれないいんだ。


このまま温暖化が進むとどうなるか？　海水面は上がる、大寒波、乾燥、干ばつ、大洪水を繰り返す地球になる。もう、なっているとも言える。

なぜ、大干ばつと大洪水を繰り返すかというと、水の移動が増えるんです。熱エネルギーが高まると水蒸気を空気中にたくさん含むようになる。その水蒸気は海面からも地面からも上がって来る。地上から水分を奪うと干ばつになる。空気中の水分はたまりかねてどかっと降る。干ばつと洪水が両建てで増える。
そういう極端な二極化が起きると、食料生産にずいぶん負荷がかかってくる。なのに、今の日本を見てください。1年間に800万トンぐらい米を作りながら、同時に1年間に600万トンぐらい食料廃棄を出している。毎食1膳ご飯を食べながら、同じぐらい捨てている。

私がコンビニでバイトしていたとき、毎日たくさんのおにぎりやパン、お弁当やお惣菜を廃棄した。一応、廃棄したものは飼料になるという話だったが、廃棄したものの行き先を見たことはない。第一、まだ食べられるものを飼料にしていた。

だから水や食糧の危機という形で気候変動を感じられないと、分からないのかもしれないね。スーパーの棚からどんどん食べ物がなくなっていくとか。オイルショックのときもそうだし、震災もそうだった。今度もそうかもしれませんが、今回だけは、もし、そうなったら、もはや時既に遅しかもしれません。
突き放して言えば、平地にほとんど人は住めなくなる。じゃあ、ちょっと涼し目の高地か北国にだけ住んで、干ばつに耐えられる程度の人口が養えるだけでいい、って割り切れるなら温暖化なんて、どうっちゅうことはない。いずれにせよ、このまま何もしなければ、いつかはそうなる。現に何も進めてないでしょう？

持続可能性を回復するには2通りあって、墜落型ハードランディングと、着陸型ソフトランディングがある。何もこのまましなければ、墜落型でものすごい大量の犠牲を生む。なぜなら、そうなる過程で必ず人間は殺し合うからです。貧困や飢餓に耐えられなくなってテロや紛争、戦争が起こる。昭和の戦争は成長期に増え続ける富と石油を奪い合った戦争だったけど、今度は減るものを奪い合う戦争になる。

そうなっても、やがて、持続可能な状態にはなるんです。地球にとっちゃ、どっちでもいい。人間はどうしたいか、だけです。

ごくり……生唾を飲むような話だ。めちゃくちゃ怖い。このまま、何もしなければ気候変動の行きつく先は戦争だ。そこまで行かなくても、たとえば小川さんが言うように4℃上昇すると、海面上昇が起こって東京都だと江戸川区、江東区、墨田区あたりは水没するという。そんなこと、考えてもなかった。私の聖地、両国の国技館（墨田区）も海に沈む。私の世代（50代）はこのこと、ピンときてない人が多い気がする。でもグレタさん世代こそ、このことをわかってるんだろう。「**それはみんな、あと70年80年生きる世代だからですよ**」って小川さん。わ〜、本当にそうだ。グレタさんたちには、切迫した我が事なんだ。

ふだん、気候変動について聞かされる話は「温暖化対策　日本が目標引き上げ」なんていう、目標値の数字の話ばかりだ（私も書いたけれど）。

「二酸化炭素（CO_2）の排出量を9年後の30年度までに2013年度の排出総量より46%減らすと決めました」と政府が発表したとか、そういうのばかり。

日本は「2013年度をピークにCO_2の排出量は減少し続けています」と言っても、再生可能エネルギー導入が少しだけ進んだけど、同時に原発再稼働も影響している。目標値達成！と言っても「日本が資金を出して途上国での排出削減に貢献した分を差し引いて」とか、なんだ、金の貸し借りみたいなセコいことをチマチマやってるフリばかりなのが、日本の温暖化対策の現状だ。

それじゃ、どうしたらいいのか？　プラスチックのスプーンをやめる？

本格的にやるなら、化石燃料に課税するしかないでしょう。今、プラスチック製品を作るための石油には課税すらしていない。その税収で太陽光や風力を推進すべきです。

それは小川さんの本『日本改革原案』に書かれていた「環境税」というものですか？

それです。大きく依存している化石燃料や、原子力、ウラン燃料、そこに課税した税収で、太陽光や風力発電で発電した電気を買い取りしていく。今、納豆や豆腐、コンビニ弁当1つ食べてもプラスチックごみが出るけど、そういうプラスチック製品にも課税して、その税収はバイオ・プラスチックに投入する。大きいもので言えば、ジェット機のジェット燃料は石油燃料とバイオ燃料を混ぜて使ってるのに、同じように航空機燃料税をかけているので、それを石油燃料だけにかけるとか。

そうやって、この問題を変えていけるのは政治の力なんです。善意の人や環境活動家がどんなに一般に呼びかけても、それだけでは大きく変えていくのは難しいですから。

でも、プラスチック製品などに課税されて行くと、生活は変わりますよね。値上がりが相次ぐことになりやしませんか？

そう、きれいごとじゃないです。今140円で入れてるレギュラーガソリンが200円、300円になります、石油燃料由来の電気代は今のキロワットアワー20円ぐらいが50円になります、ということだから。国民全体あげて覚悟できるか？という問題になります。ペットボトルのお茶は100円が200円になるかもしれない。

そうだった……きれいごとだけじゃない。問題をはっきり言うのが小川さんだった。でも、納豆が倍の値段になったら、泣いてしまう。私が期待するのは、そこで誰かがバイオ製品を開発していくんじゃないか？ということ。

ただし、今の石油製品がすべてバイオ生産できるのか？　バイオ燃料を作るっちゅうことはバイオオイル（有機廃棄物を熱分解して作る石油代替品）を生産するプランクトンを飼うってことで、そこには太陽光が必要になるプランクトン養殖用の敷地が必要です。中東から石油を輸入するほど簡単じゃないし、制約があるかもしれない。

そういうことを考えると、この日本列島で、この地球で、一体どれぐらいの人口を養えるんですか？って問題に突き当たるんです。環境問題と人口問題、ぜんぶつながっている。持続可能な社会とは何か？をみんなが想像していかないとならんのです。

なるほど、そういうことか。だから人口減も肯定する。じゃ、その論で行けば、この狭い日本列島、経済成長と温暖化阻止がいっしょに進むなんてありえないじゃないですか？　もう、すべてがガラリと変わり、今までとは違う方向に進むしかないと思えるんですけど。

そのとおりです。斎藤幸平さんが『人新世の「資本論」』（集英社新書）で明確に言ってますよね。環境調和と資本主義、成長主義は両立しない、と。両立はもう無理なんです。むしろ全て、より少なく生産し、より少なく消費する。それでも私たちの暮らしは成り立つ、という経済社会を目指さなきゃいけないんです。

小川さんがずっと言っている「脱成長」って、ここにつながるんですね。温暖化阻止を真剣にやると、脱成長せざるをえない。それは社会的な大転換になる。

そうです。なぜ成長しないんだ？　なぜ活気づかないんだ？という強迫観念に縛られたままでは苦しいけど、そうじゃないと定義して診断してやらなきゃいけない。だからぼくはこれを経済社会改革であると同時に、宗教改革に近いものと思っています。それをやる気概、迫力、見識、胆力が政権には求められます。

スケールが大きい話になった。私の生活はどうなるか？と想像する。大きなスーパーで選り好みして一気に買うのじゃなく、近所の八百屋さんや魚屋さんで少々の野菜と豆や干物など、今日食べるものを買い、団子屋でおやつを買う。無駄を出さない。洗濯は風呂の残り水でやる。服は古着屋。う〜む、実はあまり今と変わらない。車も乗らないし、私の場合はずっと脱成長だ。

もうちょっと真剣に考えよう。

毎年やってくる巨大な台風。その度に誰かの家が半壊なり全壊なりして、誰かが犠牲になって、ブルーシートが屋根を覆ったままで復旧もされず、カビの生えた家で咳をしながら、半生を過ごさざるを得ない（これは行政の責任でもあるけど）。なのに、都会で私は「最近大きい台風多いよね」と話して終わってしまっていいのか？　それは間違っている。目の前の災害も、その先にあるもっと怖いことも自覚し、持続可能な世界を作っていくことに取り組んでいかなければならないと、目の前にあるプラスチック製のボトルに入った消毒液を見ながら思っている。

エネルギーは私たちの力で作れる

では、再生可能なエネルギー、太陽光を使った発電を実際に運営していくにはどうしたらいいのか？　実はその動き、既に活発に始まっているし、それを調べていくと私は次々取材してみたくなった。

有名なところでは奈良県生駒市の「一般社団法人市民エネルギー生駒」がある。阪神・淡路大震災でライフラインの重要性を感じた市民たちが中心となって2013年に設立されたここは、全額市民出資（少額ずつみんなが出し合う）による太陽光発電所をすでに4カ所も開設し、2020年9月から市内家庭向けの電力供給も行っている。

どんな人たちがやっているんだろう？とホームページの写真を見ると、地元のおじさんやおばさんたち。収益で地元のコミュニティづくりをし、地域に役立てている。

さらに「ソーラーシェアリング」という形もある。これは農地に太陽光パネルを設置し、農業と並行して発電していくもの。たとえばぶどう棚や水田を作って、その上にパネルを設置する。するとぶどうや米と電力が一緒に作られて行くので、農家に収益が増える。

写真でしか見たことがないので感覚がつかみにくいが、太陽光パネルは高さ3メートルぐらい、けっこう高く設置するので農作業の邪魔になることはない。また太陽が作物に当たるように間隔を置いて設置するので、日陰になる心配もない。できた電気も、作物も、ほとんど地元で消費する。どちらも地産地消。地元の生協が協力したりもする。

思うにこうしたものこそ、環境調和した脱成長の電力の作り方じゃないか？　小川さんも提唱していた環境税、実は2012年から少しずつ導入されているのだが、こういうところに使われればいいのに。というか、環境税のこと（地球温暖化対策のための税）、話題にのぼることはほとんどなく、ゆえに環境に対する意識も高まらない。でも、だからこそ、民間発、地域の人たちが集まって、地産地消発電をすることが増えていったら？　地域振興にだってなるし、エネルギー問題が解決していく。

まさにそうです。以前に僕の地元の香川で太陽光パネルを設置している会社の若い社長さんにお会いしたら、「これは最大の地域振興策です」とおっしゃっていました。雇用も生まれるし、収入も得られる。太陽光ビジネスは高層に伸びていくのではなく平面に二次元的に拡げていくもので（パネルは今のところ重層には設置できない）、三次元的に上へ下へ開発していく都会では難しく、地方で発展していく産業ですよね。

今、日本のエネルギー源は97〜98%が輸入、油を買って電気やガスに変えている。それが年間で5兆円。その輸入量を減らして自家発電にして行けたら、海外に流出している富を還流させられます。富、というと分かりづらいけど、それは地域で働く人の収入ということ。地産地消のエネルギーは地域振興になり、非常に大きな意味があります。

そう聞くと、じゃあ、経産省も総務省もみんなでいっしょになって進めていけば、温暖化対策として最善じゃないですか？と言いたくなる。

経産省は電力業界のお守役なので、集中インフラ型の発電施設のあるものじゃないとだめですよね。雇用問題で議論したけど、なぜ日本社会が変われないのか？　それは官僚も大企業の正社員も一生そこで働く社員型の社会だから、膠着している限り変わらないんだよね。

って、ものすごいガックリくる。日本よ……。

それでも地産地消の太陽光エネルギー産業には、ワーカーズコープ（労働者協同組合）での発電という未来も広がる。って、ワーカーズコープ、ご存知ですか？　地域社会の振興を目的に、働く人たちが自ら出資し、経営もして働く新しい働き方で、働き手自らが、株主でもあり、経営者でもあるというイメージだ。仕事に困る私自身、ワーカーズコープを仲間と始められたら最高なんだけど！と考える。でも、それには元手がいる。ああっ（ということは置いといて）。

すでに全国にワーカーズコープ形式の小さな太陽光発電コープが誕生していて、地産地消の電気を作り、地域コミュニティを再編し、新しい雇用も生み出している。

ワーカーズコープはお金儲けのためじゃなく、お互いに支え合い、持続可能な収益をあげて公平に分配していくものです。所有者と経営者と労働者が一体で、何かやりたい人同士が集まって結成します。日本でも地域密着型の中小サイズのワーカーズコープが自由に設立されるよう、法整備がされたんです。

たとえばスペインにモンドラゴンという街があって、その街では最低生計に関わる衣食住に資本主義の介入を許さないそうなんです。8万5000人の雇用を生み出すワーカーズコープで、最低限の衣食住だけみんなで支え合い、そこから先は自由な資本主義で、市場経済競争原理を取り入れる。社会主義的要素と資本主義的要素が混ざるハイブリッド型で、これからの世界観でいうと、それが一つの解のように思えます。

エネルギー問題を解決するために新しい働き方を提示する。結局、社会はつながっているから、

1つの問題を解決するために、他の要素がからんでいくのが大事なんだと知る。何か困ると、その一面だけ見つめて落ち込んで奈落の底に墜ちていきがちだけど、その困りごとを解決するために多面的に見ることが必要だ。エネルギーは分散型で、市民の手で作っていく。それが気候変動問題を解決するいちばんの方法に思える。

分かり合えない原発の話

気候変動問題で化石燃料を減らそうとする中で、「その代替として」と理由づけをしつつ、原発が再稼働している。

10年前の福島第一原発の事故直後には稼働する原発はゼロになったのに、現在（2021年7月）は、10基（内4基は停止中）の原発が再稼働中だ。大飯原発（関西電力／福井県）、高浜原発（関西電力／福井県）、玄海原発（九州電力／佐賀県）、川内原発（九州電力／鹿児島県）、伊方原発（四国電力／愛媛県）、美浜原発（関西電力／福井県）の複数基がそれ。

全国に54基あった原発のうち、安全対策のコスト問題から21基は廃炉が決まったものの、政府のエネルギー基本計画では「原発への依存度を可能な限り低減するとしつつも重要電源として位置づけ、再稼働を進める方針」（NHK時論公論／2021年3月3日）だというから、「えーーっ?!」と声をあげたくなる。2030年の電源構成案では20〜22％を原発に依存するとし、

2050年でも原子力+火力で30~40%依存としている。なんだ、そのあいまいな数字は？　再生可能エネルギー（太陽光・風力・地熱・中小水力・バイオマス）が目指している目標値と、あまり変わらないんだから驚く。

これに対して世論は原発を「増やすべきだ」とする人はたった3%。「現状を維持すべきだ」は29%、「減らすべきだ」は50%。私のような「すべて廃止すべきだ」とする人は17%だという（数字は全てNHK世論調査／2021年3月公表分）。

私は、とにかく原発はぜんぶ廃炉にしてほしい。色々理由はあるけれど、ひたすら原発は怖い。2011年3月の事故の怖さを今も覚えている。

では、小川さんの原発に対する考えを聞かせてください。

これは僕が最も批判されるところで、今、原発をすべて止めることを正義だとする方が多いですが、いちばん大事なことは化石燃料と原発、その両方から同時並行して卒業していくことだと考えています。今この瞬間に原発を止めたら、その分、化石燃料を燃やさないといけないので、それでは解決にはならないでしょう。

でも原発は一度事故があると影響があまりに大きい。延々とそれが続き、いまだに解決していません。廃棄物の処理場も決まっていないですし、汚染水の問題もあります。

その考えには限りなく同意ですが、ただ、これから20〜30年の間の話だと思ってるんです。20〜30年でしっかり原発からも化石燃料からも卒業して再生可能エネルギーに転換できれば。

でも、20〜30年の間に大きな地震が起きると言われています、と声が怒りだす私。

ちょっと冷静に言いますよ。全国に原発は今53基ありますけど、おっしゃるような東日本大震災級の地震、あるいは津波被害、あれと同じものが来ても、その後に電源車を増やしたり防水工事などの整備をしたりで、今ならある程度耐えられる可能性があります。もちろん何が起きるか分からないですが、僕の認識では原発を動かしていても、止めていても被害に大きな差はありませんよね。最終処分場の問題も今、原発を止めてもすでに大量の廃棄物があります。

「はぁ?」と思わず声に出る。心の中で「なに言っちゃってんの——?」と叫ぶ。なのに、小川さんは話を続ける。

福島第一原発の事故でも停止していた原子炉（4号機）が爆発して、他の動いていた原子炉と同じだけ放射性物質を放出しました。動いてるということは核分裂して熱が発生している。止まってるということは、制御棒を入れて中性子が飛ばないで核分裂を一時的に停めてるだけのこと。だから止まっていても熱は発生していますよね。20～30年後に確実に原発と化石燃料から卒業することが先決で、今、原発を止めて得られるメリットと、その分燃やさなきゃいけない化石燃料のデメリットを考えなきゃいけない。

もう既に大量にある廃棄物をどうするかという問題は、今後10年20年動かしてもさほど問題の規模は変わりません。なおかつ深刻な事故が起きたときのリスクは、動かしていようが止めてようがさほど変わらない。そういう冷徹な事実を考えた時、感情的にイヤだという人がたくさんいることは理解したうえで、きちんとこの事実を説得して、むしろ必要なのは化石燃料と原子力燃料にも課税し、そこから上がった税収で徹底的に再生エネルギーにシフトすること。そういうビジョンなり、決意が伝わることの方が先決だという気がします。理解が得られない人はいると思うけど、この辺はシビアに考えています。

ええっと。反論、反論。

でも政府は、２０５０年の指標でも原発依存度は火力発電と抱き合わせで30～40％と言ってますよね。あれ、おかしくないっすか？　原発の寿命は福島第一原発の事故後に「40年」って法律で決めて、でも、それを無理くりまた「20年延長」して、「原発の寿命は60年ですよ〜」とした。それでも2050年には届かない。じゃ、原発を新たに建てるのか、おまえら？ってことですよね？

と、言葉も荒くなる私。爪を立て、怒った猫の顔にまた、なる。

それはおかしいと僕も思います。だから20年、30年後に、確実に化石燃料と原発から卒業すべきです。

それはやはり長いですよ、小川さん！　2030年までです、原発、せめて。

10年後だと半減でしょう。2040年で8割減、ゴールは2050年だと思います。

もう私、それなら死んでるから！と言い捨てる。

いやいや、まだご健在ですよ。

なだめられるが、「私は国会前の反原発抗議行動にも参加し、原発いらない！とコールして、原発事故から避難された方、自死された方のご家族のスピーチを聞いてきた。ここで、はい、わかりましたとは言えない。それに、小川さんが総理大臣になりました、原発はやりますって言われたら、みんな『ええっ？』だと思います」と、ガアアアと言う。

やります、じゃないです。繰り返しますが、圧倒的に化石燃料と原子力燃料に課税します。それは国民にとっては痛い話で、負荷がかかる。しかし、それを財源に、太陽光と風力を、それこそ圧倒的なペースで増やします、ということですから。

私と小川さんの間に緊迫した空気が流れる。ガルルーッという私の唸り声が聞こえそう。話は平行線だ。仕方ない。もう、あきらめようか？と思った。ところが、その後、立憲民主党が次の衆議院選挙のために新しい政策を出した（2021年3月30日）。するとそこに、「原子力発電所の新設・増設は行わず、すべての原子力発電所の速やかな停止と廃炉決定をめざします」という政策があって、「速やかな停止」がどれぐらいかはわからないが、30年後はないだろう？と思って、再度聞いてみた。私はかなりしつこいのだ。

和田さんからずっとお叱りをいただいているけど、僕は立憲民主党のリベラルの人たちから比べると、ずいぶん中道かもしれません。前回もお話ししたように、原発に目くじらたてる傍らで化石燃料を燃やしてること自体が罪なので、むろん原発を止めるのは当然だけど、化石燃料も同時に止めないといけない。政治のタイムテーブルを考えたとき、いつまでに再エネをどのように増やすかと言うプランがないことが、最大の問題だと思っています。それがまずあれば、自動的に原発と化石燃料は同時に減らしていくことが可能なのに、それをやらずに原発はダメだと言ってるだけでは、統治行為になってないですよね。２０５０年までにCO_2排出ゼロは、国際合意ですから。

今、再エネは瞬間出力でいうと十何％までできたのかな。これを２０５０年までに１００％にするわけでしょう。あと29年、ざっと30年で10％のものを１００％にするんだから、年間３％でしょう？　これを毎年確実に太陽光の発電所を建設し、風力を導入し、地熱を掘り起こし、水力を整備するということを毎年３％分、絶対にやっていくという決意がいる。そのための補助金なのか、固定買い取りなのか、毎年３％分、再エネを増やすことを推進するだけの政策財源を、化石燃料と原子力燃料への課税で調達するという絵は描けるはずです。

それがただちに国民経済と生活にインストールできるかは別問題だから慎重に判断しなきゃいけないと思うけど、しかし少なくとも絵を描くことさえやっていない。何十年か先の高らかな目標をアドバルーンでは上げるけど、本気じゃないと誰が見ても分かる。

毎年３％高めるぞ、30年後に0だと本気で言う政治家がいて、例えばガソリン代は今年なら１４０円だけど、来年は３％上がって、１４５円になりますと。その代わりこの３％分の税収は、確実に太陽光や風力の増強に使われますと。それだけの投資を必ずやるっていう政権が現れた時、初めて国民は本気度を感じるんじゃないか。

じゃ、その負担を受け入れようか、受け入れざるを得ないと思う人と、嫌だと思う人に分かれるよね。それは国民投票するようなテーマになると思う。だから、そういうトータルな統治行為とかビジョン抜きにして、原発だけ止めることに全精力を注ぐ暇はないと思ってる。怖いとか嫌だとか感情的にはわかるけど、問題解決にはならない。

私に一言も口を挟ませずに、一気に語る小川さん。ここで、やっと言えた。

「じゃあ、解決策はまだ、立憲民主党も示せてないいってことですか?」

十分には示せてないでしょう。原発はダメだ、それはそうだと思う。今から新設、増設なんてダメ。でも、速やかな停止はいいんだけど、じゃ、その分、その日からどうすんだ?と。電気の供給を止めるのか、石炭と石油を燃やすのか、どっちかだからね、原発を止めるって事は。国民に対して「原発止めた分、とにかく電気使わないでくれ」と言うのか。

「裏でその分、化石燃料、石炭と天然ガスを燃やしますから大丈夫ですよ」と言うのか。言わないけど、密かにそうするのか?

それは罪だと思うわけ。イヤなのよ、そういう政治は。見えないように隠すだけの政治は。

原発反対路線で言ってる人からすると、俺は批判を受けると思う。それは受け止めたいと思ってる。その代わり、脱化石燃料と脱原発、脱原子力発電の道筋を見せてやると、本気でそう思ってる。

「わかりました。じゃ、そう書きます」と言った。小川さんは「うん」と答えた。

小川さんがオレ語りになるほど熱く話す、その主張には納得した。見えないように隠す政治はイヤだ、原発をただ反対するだけじゃなく、脱化石燃料と脱原発の道筋と、再生可能エネルギーへの転換の道筋をしっかりと同時に見せるべきである、ということには一定の共感をする。たいへん説得力がある。

「見えないように隠すだけの政治はイヤだ」というのは、小川さんの政治信条そのものだろう。それは、とても望ましい。今の政治に欠けている、大切なことじゃないか?

ただ、それでも原発はただちに全基廃炉へ、と言い続けたい。私も相当に頑固だ。

理由はいろいろある。だけど、やっぱり私は原発が怖い。その記憶が今も鮮明に残る。

2011年、震災のあった頃、私はコンビニでバイトをしていた。震災当日はシフトが入ってなかったけれど、翌朝に一睡もできないままお店へ行くと、ほとんどの棚はガラガラ。朝も昼も配送のトラックがやって来て商品は補充されるも、瞬く間に何もかも売れた。レジ横に陳列しているコロッケや唐揚げはフライヤーで揚げるそばから売れて、史上最高に忙しかった。もう買い占めは始まっていた。

店にいる間は忙しさからハイになって原発事故のことは忘れていたけれど、家に帰ってＴＶに釘付けになれば怖さが募り、3月16日の朝、バイトを休んで静岡県・沼津の実家に帰った。でも、家族はのんびりしていて、「甥っ子を連れて沖縄に逃げて！」と迫る私に姉が怒って喧嘩をしたり、血相変えてる私とは距離があった。部屋の隅で全身が冷たくなるほどひとり心配し、おへその周りがドクドク言って、抑えても抑えても止まらない。まだ寒い時期だったのに、辺りには生ぬるい空気が流れているようで、薄気味悪かった。あのときの恐怖感を二度と味わいたくない。数日後、「バイトがあるから」と東京に戻ったものの、毎日ひたすら怖かった。半泣きな気持ちで、レジを打っていた。

こんな私のちっぽけな感情なんて、どうでもいいと言われるかもしれない。でも、私のようにみんながあのとき怖かった。それをないがしろにはしないでほしい。

小川さんとはこの件で話が食い違ったままだけど、いつかまたどこかで対話を重ねられたらと願う。２０５０年、私は生きてはいないだろう。でも、次の世代に原発を遺したくない。大きな事故を起こしたのは、私たち世代の責任だ。自分の生きてる間のことだけじゃなく、次の世代の不安もとりのぞく努力をしたい。そのための対話を続けたいのだ。

コラム

私が政治を語っていいのか

労働問題を話す面談が終わった日、小川さんが「今夜、トーク・イベントに出るんですよ」というので、それ見なきゃ！と、「『君ニ問フ』〜3・11から10年。福島第一原発の今後とエネルギー政策を問う〜」という動画を見た。出演していたのは、ミュージシャンのTOSHI-LOWさんとSUGIZOさん、司会のジャーナリスト、ジョー横溝さんと小川さんだった。楽しみに見たのに、私は激しく落ち込んだ。一体なぜ？　なにせ、みなさんがすばらしすぎた。福島第一原発に入ってレポートをし、原発のことから持続可能エネルギーの話、世界がこれからどう変わっていくべきか？　トークが大いに弾んでいた。

それで、落ち込んだ。ああ、なんで私なんかがやってんだろう?と。

私は小川さんと政策を語るには、力不足だ。30年以上もライターをやっているくせに、いまだインタビューとなると、「そこ、もっと、突っ込め！」と、肝心なところでぼんやりする。聞くべきことを忘れる。

そもそも、政治の話をするには圧倒的な知識と準備の不足があり、「私、付け焼き刃だなぁ」

と、言っても書いても自分が誰より分かる。最初に秘書の八代田さん宛てに「ペラペラっの薄っぺらい私です」と手紙を書いたが、その薄っぺらさは何より自分を打ちのめす。私なんかじゃなくて、もっと理解が深く、専門性も高いライターさんやジャーナリストさんが小川さんと語り合い、本を作るべきなんじゃないか？　最初からずっと感じてきたことが、どうしようもなくズシンと重しとなって私の肩に乗っかり、にっちもさっちもいかなくなった。

弱音ですね？　ええ、そうです。

それで、作家の星野智幸さんに相談した。「私なんかでいいのか？」と。すると、「和田さんだからいいんです。和田さんがまだ見えない、その先を見ようとしている意志に可能性を感じるんですよ」などと素敵なことを言ってくれる。泣く。「和田さんの視点で、手探りしながら未知の領域を進んで行って欲しい」と言う。ありがたい。

そうだ。私は私の視点でやるしかない。私の人生に則った、私の生活から政治を書く、それしかやれない。プロのジャーナリストや新聞記者は公のものとして政治を書く。たとえ義憤に駆られて取材をしても、記事にするときには私情をはさまず冷静に書いていく。私は逆だ。私の物語として政治を語る。怒りも悲しみも、手探りしていく様子も、正直に書く。

そこで、ふと思った。それぞれの人が、自分の物語として政治を語れたら？　日常のあれこれ織り込んだ私の物語として政治を語ることがあたりまえになったら、もっと多くの人が、どんどん自由に政治が語れ、関心が高まり、深まるのかも？

前のコラムで私は、外に出て誰かと対話しませんかなどと、エラソーにお勧めしたけど、それは公としての政治を、まるでワイドショーのコメンテーターのように語り合うのではなく、「国民健康保険払えなくて、区役所で怒られちゃってさぁ」っていうような日常から語っていけば、闊達にできるんじゃないか？　だから「国民健康保険の制度おかしいよね」って。

政治を語るとき、何か間違えたり、余計なことを言って突っ込まれたりするのが怖い――私もそう思ってきたし、友達もみんなそう言う。政治を語る自信がなかなか持てない。でも、いろんな問題を自分に引き寄せて語っていけたらいい。政治と日本に住む私たちの距離は、そうしたら少しずつ縮まっていくはず。

「政治的な議論が少数の特権者だけではなく、伝統的なしがらみから解放された多数の市民の政治参加が広く制度化されることによって、民主主義ははじめて可能になります」（『民主主義とは何か』宇野重規／講談社現代新書）

私の物語として政治を語り合いたい。それが私には、何より大事なことだと思った。

私は私の視点でやる――そうなれば心は決まった。私は小川さんと対話し、自分の物語としての政治を語り、政治に参加する。ひとりの部屋で「やるんだ！　やるんだ！」と大きな声に出して、自分を鼓舞していた。近所迷惑。

とは言え、「やっぱり力不足だわ」と、すぐに落ち込む。「ああ、なんて頼りないんだ、私は」と泣く。すみません、弱音です。愚痴です。でも、この日本よ、弱音や愚痴ぐらい好きに言わせろ！と常々思っているので書きました。

それでも、決めたら、やりたい。あきらめたくない。2012年、北海道の福島町まで行って女性の相撲大会に出たことがある。前の晩、緊張して一睡もできなかった私は、同行したカメラマンで友達のユキさんに弱音と愚痴を延々言い続けた。それでも出場して1勝1敗。ユキさんは「和田は愚痴を言いながらも、やることはぜんぶやるね」と言った。そうだよね、それでいいんだよね。今度もやる。私の人生も、この国も、もう、あきらめたくないんだ。

コラム

小川さん号泣

労働にまつわるあれこれがテーマだった面談を終えた後、私の中でモヤモヤするものが次第に大きくなっていった。

それは非正規雇用の男女・年代別の割合の表を見ているとき、男性と女性の比率がぜんぜん違っていて（女性が圧倒的に多い）、「これでいいと思ってますか？」と小川さんに問うて、「**これでいいとは思わないけど、これに関して言えば正規と非正規の壁を打ち壊せば**」云々と言ったことからだ。

それはまったくその通りなんだけど、いや、聞きたかったことはそこじゃなかったんだよな、と後から後から、どんどんモヤモヤがつのった。

聞きたかったのは、そういう「政策」とか「対策」ではなく、コロナ禍でとんでもなく大変で、追い込まれている人たち、私たちみんなへの労りの言葉だった。どうにもできずに泣いている人たちへの言葉は、ないんでしょうか？ということだった。

そのとき、そう聞き返すべきだったけど、なんとなく聞けなかった。なんでかは分からない。

返ってくる答えが怖かったのかもしれない。何も言葉がなかったりしたら、私は愕然としてしまう。この面談をやる意義が問われる。

そこから悶々と悩む時間が始まった。このままにしていいのか？　もう一度聞くべきか？どう聞くべきか？　私は何が聞きたいのか？

それでまた、小川さんの秘書の八代田さんにメールをしてみた。

「小川さんとは前回、労働について話しましたが、働く女性の困難、非正規で大変な人たちへの共感や労い、そういう言葉が聞けなかったことが私の中でモヤっていて、そのことを小川さんに伝えるために手紙を書いてみようと思いますが、許されるでしょうか？　小川さんは常にそうしたことに問題意識はお持ちで、政策も考えてくださるのですが、目の前で現実に今、生きる人のこと、どう思われてるのか、知りたいです。そんなこと書いたら、失礼になってしまわないか？　モヤモヤしています」

なんだかもう、手紙を書く気満々なメールを送ったら、すぐに返信が来て、「和田さんにはモヤモヤも含めて、ぜんぶ書いてもらっていいと思います」とあった。いいのか！

とはいえ、なんて書いたらいいんだろう？　悩んで丸一日何もできなかった。それでまた、一晩寝て、ガバッと起きた日曜日の朝。「サンデーモーニング」を見ながら猛然と手紙を書いた。以下、その抜粋。

前回分でのとりこぼしで、お願いがあります。その場できちんとお尋ねすればよかったのですが、働き方のことを話す中で政策はお伺いしましたが、できたら小川さんが「今、働く人たち」をどう見てるか？　言葉がいただきたかったな、と思いました。

たとえば、学校を卒業して一度も正規で働いたことがなく、非正規で飲食業や販売業、性風俗などで働いて、何度も会社やお店の都合で切られ、まっとうな扱いをしてもらえず、いいことなんて一度もない。それでも日々働く中では仲間やお客さんとの交流があり、心温まる瞬間もあり、そこに小さな喜びを感じたりもする女性。

たとえば、75歳も過ぎて路上に立ち、交通誘導員として働く男性。1日やれば1万円近くはもらえるけど、真夏の炎天下でも、真冬の底冷えする中でも、あのユニフォームを着て立ち、見知らぬ誰かに怒鳴られたりする。お昼ご飯はコンビニで買って来たカップラーメンを道路に座って食べる。帰りがけには一緒に働いた人たちとおしゃべりしながら駅まで行って、じゃあ、また、明日、と言う。家に帰ってコップ酒を飲む。テレビを見て笑う。

たとえば、65歳の女性。もうじき図書館での非正規の仕事を切られてしまう。本業だけでは食べていけないので、兼業をしていて、帰ってくると日々、その日のあれやこれやをFacebookに書き込み、みんなでワイワイやり、その表現は素晴らしく生き生きしている。先は見えないけど、今日を生きていることに違いない。

そして私がコンビニでバイトしていたとき、楽しみは自分で揚げたアメリカンドックを買って帰ってモグモグすることでした。自分の仕事終わり間際に、揚げる。それで、揚げたておいしい！なんて、１００円のお楽しみだったんです。

みんな圧倒的に頼りない人生を、生きています。この世に何か意味のあるものを残せるわけでもなく、そんなことを考えたこともなく、考えることもできない。何かしたいことも見つけられず、そもそも何がしたいと選択はできないんです。あっという間にその仕事はＡＩに代わられてしまうかもしれない。それでも、今、この日本社会に参加していることは間違いなく、有権者でもあります。彼ら彼女らが全員、選挙に行くようになると、日本は大きく変わるんではないか？と考えます。

ぜひ、そういう人たちへの言葉をいただけたら、と願います。政治家として、誰かへでも、大きくみんなへでも。今、日本社会の片隅で働く人たちへ、小川さんの言葉をいただけたら、私はとても嬉しいです。よろしくお願いします。勝手なお願いですが。

……書いて、すぐ送った。次の質問票の最初は「手紙の返事をください」だった。

面談が始まり、「じゃ、手紙の返事を」と最初に言うと、「それは最後にしましょう」と小川さん。それで、最後に聞いた。

以前、生活困窮者支援の話を和田さんがされたとき、そういうことに助けにならない政府ならいらないと申し上げたじゃないですか。逆にそこに寄付がたくさん集まってることを聞いて、それは絶望と希望が織りなす人間社会だなぁと思ったんですが、じゃ、あんたが守りたいものは何なんだ?と問われたら、もちろんそれは持続可能な社会であり、公平な再分配が行われる、環境と調和した社会で、政治が信頼される社会ですが、それを通して何を守りたいかということになれば……、守りたいというのは偉そうかもしれませんが。75歳を過ぎても警備の仕事しているおじさん、いっぱいおられるわね。図書館のアルバイト、コンビニのアルバイト。うちのお袋は今もパーマ屋に立っている。家に帰れば親父と質素な食事をしている。和田さんの言う、頼りない人生に、意味があるか分からないけど、その人生……それ以上に尊いものはなくて、その人生を守りたい。普通の人生、普通の暮らし、そこが最も尊く愛しく、その暮らしこそが大切にされる世の中であるべきで……。その人生は決してみじめなんかじゃないでしょう。

小川さん、話しながら泣いている。あらやだ、泣かすつもりはなかったんですよ。

それで、私も言う。

みじめに思うこともあるんです。たとえば私がコンビニでバイトしてるときは時給850円で、1円も上がりませんでした。苦しいし、嫌なこともいっぱいある。それで、みじめにも思う。それでも、お客さんと話したり、最初はできなかった仕事が、一個ずつでも覚えられたりすれば喜びもあり、850円の仕事だって誇りになります。たぶん、どんな仕事でも同じ。道路で誘導の仕事している高齢の方、「邪魔だ」なんて怒鳴られることもあるかもしれないけど、その仕事をして達成感や喜びはある。とはいえ、生活は苦しい。明日は見えない。そのときに政治家には寄り添った言葉をかけてほしいんです。今、おっしゃってくれたような。本当にみんなが欲しいのは、もちろんお金も欲しいけど、隣に座って背中をさするように慈しみの言葉を言ってほしい。今の政治には、それがない。その視線を、政治を司る人が持てたら、世の中はずいぶんと変わると思います。

小川さん、ポッケからハンカチを出して、涙をぬぐう。ぬぐいながら話す。

それがあるとお互いを大事にし、尊んだり、優しくしたり、慈しんだりできる可能性が拡がっていきますね。

この方たちが選挙に行ってくれたら、世の中はだいぶ変わると思うんです。たぶん、この方たちはあんまり選挙には行ってないんじゃないかって。

自分なんか、振り向かれてないと思ってるよね。関係ないと思ってる。でも、この方たちから根が生えてきたような政治、その政治から人々が受け取るメッセージ、それを創っていくことができたら、本当に世の中が変わるかもしれませんね……。

小川さん、泣きっぱなしだ。よもや、の展開。知らない人が入ってきたら、私はまるでいじめっ子のジャイアンにしか見えないじゃないか。それでも言う。

だからお願いは、その言葉、想いをずっと持ち続けてくれること、意識し続けてくれることです。みじめな気持ちにはなるけど、みじめじゃない。元気で働いていることは素晴らしい。みんな、そう思って生きてると思います。

本当におっしゃるとおりです。みなさんの人生はどれも誇るべき、誇らしい、尊いものです。それは俺にとっても他人の誰かじゃない。おふくろであり、おやじであり、じいちゃん、ばあちゃんであり、みんながそうなんだと思います。

小川さんからこういう言葉が聞けて、良かった。何か特別なものを残せなくても、ここに生きる私たち。その私たちを、小川さんは見ていることが分かった。この面談をやってきて、よかった。私がいちばん聞きたかったことは、こうした言葉だった。

政治家には私たちに寄り添った言葉を言ってほしい。そうしたら、みんなが政治に振り向く機会がずっと増えるだろう。今より政治が身近なものになるはずだ。

第6章

自分を考える＝政治を考える

私も沖縄に基地を押し付けている

　文筆家の金井真紀さんが書いた一文をまず読んで欲しい。

「2018年8月、沖縄の翁長雄志知事が亡くなった。県民の大多数が辺野古の新基地建設に反対してることを受け、体を張って国と対峙している真っただ中で力尽きたのだった。首長の無念なんぞお構いなく、国は粛々と辺野古の海に土砂を投入し続けた。舐めんなよ、とわたしは思った。だけど沖縄に基地を押しつけているのは、わたしだ。わたしのように本土でのうのうと暮らしているのんきな国民だ。だから、舐めているのはわたしでもある」（『世界のおすもうさん』岩波書店）

　翁長知事が亡くなった3日後、那覇で追悼と抗議の県民大会が行われ、それに連帯するデモが東京・池袋であった。私は金井さんと二人でデモの後ろの方をのろのろ歩いたのだけど、歩きながら沖縄を我が事と思っていたかというと、正直なところ、ほとんどそうではなかったと思う。ただ、辺野古に基地を作るのは反対だ、でも辺野古ってどこ？　嘉手納とは違うの？　そう言えば、高江ってのも大変なんだよね？　翁長知事はぜんぶ反対していたの？

　こんな風に私は、よく分かっていなかった。戦争の記憶が鮮明な沖縄に基地があるの、イヤだなぁぐらいの気持ちだった。いつものように私は深く考えておらず、金井さんが書いているとお

り、私は舐めていた。金井さんは「選挙権を持つ本土の有権者たる国民こそが、沖縄に基地を押し付けている犯人で。つまり『わたしが犯人』なんだ」と、沖縄に基地を押しつける自分を思いながらデモを歩いていたと後から話してくれた。そう、沖縄の基地問題を解決できるのは、日本の選挙権を持つ有権者たる「国民」しかいない。私はそんなこともよくわからないまま、なんとなくデモに行っていたのだ。

でも、今、沖縄以外の所に住む多くの「国民」は、私と似たりよったりじゃない？

「だって中国との国境に近いんだから仕方ないじゃん」とか、「沖縄は経済的に基地に依存してるんでしょう？」といった、沖縄に基地があるべき論が当然のように語られ、私たちは知らん顔をして押しつけてきた。リゾート地としての沖縄は好きだけど、面倒なことには関わりたくないという風。でも、

「軍事施設の受け入れ問題は、すべての国民が国防サービスの受給者となっているにもかかわらず、自分たちの問題であるとは認識されず、その受け入れ地域の問題に矮小化されてしまう」

(『交差する辺野古』熊本博之／勁草書房)

ということを聞いたら、ハッとしないか？

同様に、こういう言い方もある。

「内閣府の国民世論調査で日米安全保障条約が『役立っている』と答えた割合は82・9％に上る。

その根幹は、米軍が日本を防衛し、日本が米軍に基地を提供することであるはずだが、安全保障の恩恵を受けながら、その一方で多くの国民は米軍基地の負担が沖縄に集中している現状から目を背けている」（『これってホント!? 誤解だらけの沖縄基地』沖縄タイムス社編集局・編／高文研）

この2つの文章に、ものすごく心揺さぶられた。否が応でも日米安全保障条約での恩恵を受けながら、基地が集中する沖縄に知らん顔してきた。

小川さんはどう考えているか？ 沖縄は、どんな場所ですか？と聞いてみた。

１９９４年に自治省（現・総務省）に入省し、最初の赴任地は本人の意向が尊重されるので、沖縄を希望しました。これまで慣れ親しんできた場所とは違う、多様性のある異なる環境で仕事をしてみたいと行ったんですが、文化、気候、食べ物、何もかも違い、内地の風景とはだいぶ違うことはすぐに実感しました。

お世話になったのは沖縄県庁の地方課。2年在任しました。そこでお会いした方々はみなさん、複雑な心情を抱えてらっしゃることはつき合えばすぐに分かる。半分は琉球王国の伝統に対する誇り、半分は戦争、地上戦の経験や歴史、いまだに基地を押しつけられていること、米軍の犯罪が絶えないことへの憤り、コンプレックス。誇りと憤りとコンプレックスが同居していました。そうしたものが爆発したのが、１９９５年、小学6年生の女の子が米兵3人に暴行された事件で、僕も妻と2人で怒りの県民大会に行きました。そこから普天間返還と、政治的な流れが激しくなっていきますよね。あれは決定的な出来事でした。
忘れられないのは沖縄在任中、僕らのアパートで県庁の同僚に讃岐うどんを手打ちしてふるまって、同僚はヤシガニを捕まえて持って来てくれたときのことです。ふと「僕たちは日本人って言っていいんですかね？」と言うんで、「えっ？　それは当然じゃないですか」と答えたら「たとえば外国に行ったとき、どっから来た？と聞かれて一瞬、逡巡があるんですよね」と言われ、衝撃でした。当時、台湾の空港で沖縄に向かう航空便の案内には「琉球行き」って書いてあった。そういう異なる歴史を踏んできた地域であり、基地問題含めて虐げられた地域だとよくよく理解しないといけない。香川県に育っても、米軍はいない。それが沖縄では日米安保を日常的に目の当たりにする。それを痛切に肌で感じた2年間でした。中央政界で仕事をする今となると、相当重要なものを刻み込んでもらったと感じています。

小川さんは自治省に入省してすぐの2年間、沖縄に赴任し、小さな島の隅から隅まで回って見た。それで沖縄のこと、沖縄の人の気持ちを考えるようになったという。そのため、その後の委員会の質疑でもこんなことを話している。

沖縄は様々な国政上の課題に非常に翻弄され、沖縄県民の思いを想像いたしますと、筆舌に尽くしがたい様々な葛藤や困難を抱えて今日に至っているということだと思います。私ども国政に携わる人間にとって、これは与党、野党を問わず、この歴史なり県民感情なり置かれている状況については深い思いをいたした上で議論を行うことが必要だろうというふうに感じます。(2016年4月26日沖縄及び北方問題特別委員会)

このときは政府と沖縄県の和解案や沖縄振興予算と基地問題の関係というシビアな問題についての質疑をしていたが、与党の答弁はしどろもどろだったり、速記が止まったりしていた。要するに、誠意ある回答はなかった。しかし、国会で沖縄に寄り添った答弁を聞いたことがあるだろうか? 勉強不足の私はあるともないとも言えないが、どうなんだろう?

さて、私が歩いた追悼デモの当事者である翁長雄志さんは、2014年12月に知事に就任している。辺野古移設に反対していたが、「私は沖縄に今ある米軍基地をゼロにしろと言ってるわけではありません」と言いつつ、同時に「(政府は)沖縄を見る場合もまずは領土として戦略上、何の役に立つかという視点でしか、ものを見る目がない」(共に『交差する辺野古』)と語っていた。沖縄の人たちの多くは、沖縄がそんな風に防衛上の価値でしか見られていないことと、国が勝手に決めてしまうことを感じているんだ。

翁長知事が当選した翌日には菅官房長官(当時)が選挙前と変わらず「辺野古移設が唯一の解決策と一貫している。粛々と進めていきたい」とした。翌月には衆議院選挙が行われ、オール沖縄と位置付けられた翁長知事と歩みを共にする革新派の候補4名が立候補し、全員が当選。しかし、この結果に対しても安倍首相（当時）は「辺野古建設が唯一の解決策」とした。

安倍政権のそうした強固な姿勢は、湾岸戦争（1991年）へ日本が軍事的な参加を果たせなかったことへの「バックラッシュ（反動）」とも言われている。日本はアメリカと肩を並べて軍事行動に参加し、世界でいっぱしの顔をしたいからだと言う。なんだよ、それ。ばかばかしい。

そもそも普天間飛行場を返還する代わりに辺野古に新基地を建設しますよ、という話は、小川さんも行った1995年の8万5000人の「県民総決起大会」の怒りの大きさに危機を感じた、日米両政府が基地の軽減を話し合ったことに始まる。

ただ返還すればいいじゃない？と思うのに、「十分な代替施設が完成した後、普天間飛行場を返還する。このためには、沖縄県における他の米軍の施設及び区域におけるヘリポートの建設が必要となる」（『交差する辺野古』）という条件がつけられ、名護市の東海岸にある辺野古崎の沖合が候補地になった。辺野古崎にはすでに海兵隊の基地キャンプ・シュワブがあるので、米軍が排他的に使用できる制限水域だったことが大きな理由なんだとか。

それから25年以上、辺野古の新基地建設問題は今も解決していない。

辺野古の工事完了までには12年かかり、9300億円がかかる試算だという。これは2019年に出た数字だから、これから、ということなのだろうか。辺野古埋め立て予定海域の大半の地盤は軟弱で「マヨネーズ並み」とも言われている。

２０１９年２月には沖縄の県民投票が行われ、辺野古基地建設に７割以上の人が反対の声をあげた。辺野古はずっと、「政治の場」になっている。そして政治の場は「運動の場」でもあり、反対運動が巻き起こる。私のような立場から見える辺野古は、そうした政治の場と運動の場としてだけだ。「生活の場」としての辺野古は見えない。

実は地元では「条件付き受け入れ容認」の声も大きい。それは「（辺野古の新基地が）来ないに越したことはない」ものの、結局は、決定権は地元にはなく、政府が握っている。それならば少しでも条件を良くしてくださいという、積極的な賛成ではないそうだが、それをまた「地元は賛成してるのに運動家が邪魔してる」といった風に無責任な外野がヤジを飛ばし、辺野古を政治の場に置き去りにするんだという。辺野古はもうずっと、こんがらがったままだ（こうした視座は『交差する辺野古』で学んだ）。

その辺野古に、いきなり「最低でも県外！」と威勢よく言ったのは２００９年７月、鳩山由紀夫民主党代表（当時）だ。９月に鳩山内閣が誕生し、小川さんは、その政権にいた。

当時、僕は総務省の政務官をしていましたけど、鳩山さんが「（２０１０年）５月までには結論を出す」と言ったときには、総理大臣が言うんだから何か腹案があるんだろうと思ったのに、何もなかった。もちろん、県外という理想は良かったと思う。でも、それを良しとするとしても、あれほど難しいジグソーパズルはない。沖縄の思いも割れている。

普天間基地がある宜野湾市と、辺野古に基地を持って行く名護市とその他の地域では温度差がある。ましてや日本政府の立場、アメリカの立場、アメリカでも空軍と海兵隊の立場では違うから、あらゆるジグソーパズルを解かないといけなくて、そんな簡単に数カ月でできるわけがない。「私はこうしたいが、利害関係者や当事者があまりにも多く、日本国の一存だけではどうにもならない問題だ。慎重に長期的に関係者間で協議交渉するため簡単に期限は切れません」と言っていれば現実の政治だったのに、そういうことを度外視して理想だけをぶちあげてしまい、政治になってなかったんです。

つい喜んでしまっていたけど、そうじゃなかったんですね。じゃ、辺野古はこのままで、撤回はありえないんですか？

そこは残念ながら、今の自民党政権が続くなら、どんなに反対されても辺野古を造る以外はないいんだろうね。

じゃ、自民党政権ではなくなったら変わりますか？

立憲民主党が政権を担当したとしたら辺野古は造りたくないですよ、できれば。けれど、辺野古を造るのを止めてアメリカは普天間を返してくれるか？という交渉になりますよね。すると普天間基地がある宜野湾市民に対して、ものすごい長期戦を覚悟してくださいということになります。

沖縄の中で片一方を取れば、片一方が困惑するということになるんですね。

物理的には、普天間は嘉手納に移すべきだと思います。嘉手納には極東最大の航空基地があり、ここにヘリコプター部隊を持って行くことは余裕でできるでしょう。ただ、嘉手納は米軍ではエリートと言われる空軍基地なので、普天間基地の海兵隊の、どちらかというとワイルドだと言われることがある人たちを迎え入れられるのか。同時に嘉手納の住民にとっては、さらに負担を背負ってもらうことになる。嘉手納基地って見たことありますか？

ないです。そもそも沖縄に行ったことがない。エラソーにしゃべっていますけど。

そうですか。４キロですよ、滑走路が。羽田でも３キロだから、嘉手納っちゅうのは広大で、町の８割が基地です。でも、その交渉をするとなると、米軍内の空軍と海兵隊の対立に日本政府が首をつっこむことになるから、これも果たして出口があるのかと、あらゆることを逡巡する局面に入る。

それで結局はどうなるんですか？

辺野古を中止して普天間の返還は協議を続けるポーズをとり続け、現実は暗礁に乗り上げて宙ぶらりんになる。それか、何がなんでも辺野古を造って普天間から移設するというパターン。結局、今の現実の政治日程に見えるのは、どっちかなんです。万人が喜ぶ選択肢はここにもない。これが現実の政治。大事なのは、そこで指導者がそれも含めて説明できる覚悟があるか？です。

そんな覚悟はないでしょう？

原発もそうだし、化石燃料もそう、辺野古もそう。指導者が都合のいいことを言うけど、それ以外は隠し立てしてウソをつくか、そうじゃないこともきちんと説明して、説得することに少なくとも努力をするか、それによって抱えている問題も見え方が変わります。指導者の能力と覚悟次第で、風景を変えられる可能性はあると思います。しかし、普天間にしても国民にとって一切の負荷、負担なく、あらゆることがすべて解決できるほど、ことは簡単ではないという現実があり、これは誰が指導者であっても変わらない。深刻な課題があることを認めたうえで、それがどう感じられるかを変える可能性を指導者は見せないとなりません。

そうは言っても戦争が終わってから75年。沖縄の人はずっと我慢を強いられてきて、いまだ「戦争は終わってない」と言う。これからも戦争は終わらないの？　まだまだ我慢するの？　嘉手納だって騒音問題がひどい。周辺の河川が汚染されているニュースも読んだ。基地があれば、何かしら問題が起こる。

その場合、大事なのはゴールをどこに置くか、です。今世紀の日本政治にとって最大の課題は脱成長と環境調和、最適再分配と話してきましたが、それと大切なのは対米自立だと思っています。対米自立にはもちろん中国や韓国との関係融和を含むわけです。すると竹島や尖閣という、抜き差しならない問題も抱える。普天間どうしますか？　辺野古どうしますか？ちゅうのが目下のところ喉に刺さった大きな骨です。しかし全体のバランスの中で緩やかに対米自立を図りながら、個別の問題を解決していく姿勢です。

かつて、世界経済の40%をアメリカが占めていた時代がありましたが、今、アメリカのＧＤＰは世界の2割ぐらいに落ちて、世界における圧倒的な存在感は失われつつあります。

それをある意味、バイデンの登場が象徴してるでしょう。トランプは別として、オバマやクリントンといった民主党のかつての大統領に比べると、よく頑張っているとは思いますが、高齢でカリスマ性に於いても普通の指導者然としている。彼はアメリカの縮小を象徴するリーダーかもしれません。バイデンから世界を征服しようとか、米軍を世界に展開しようとか圧を感じませんよね。これは一つのチャンスであると同時に、世界の構造変化なんです。これに合わせて普天間～辺野古の問題も、実は日本のアメリカへの依存度をいかほど低下させるべきかにかかってくる。

日米地位協定を改定して、少なくとも日本の国内法を米軍に対して適用する、年間2000億円も出している「おもいやり予算」も縮小する。横田空域は返してくださいとする。そういう話を構造的に推し進め、その一環として沖縄に基地をいかほど置くのか、そろそろ普天間はいらないんじゃないか？　嘉手納も軍民共用にしませんか？　まずは自衛隊も入らせてくれませんか？　その次は民間機も入れさせてくれませんか？と徐々に実践していく、それが大事です。

小川さんの考えは、辺野古だ、普天間だ、嘉手納だと、基地問題単体で話すのではなく、日米地位協定にまで広げて見るという。「横田空域」は東京・立川市の横田基地を中心に、東京、神奈川、静岡、山梨、長野、新潟などの空にまたがり、羽田空港に離着陸する民間機はこの空域を避けるため、ずいぶんと大回りを強いられる。驚くのは日米地位協定のどこを見ても、「管制に関するアメリカの権利を認めるような文面はありません」（『日米地位協定の真実』松竹伸幸／集英社新書）ということ。日米合同委員会という、国会も関与できない場での合意だけで、これが戦後ずっと行われている。

そうしたことも一緒に解決を図っていこうと小川さんは言うが、それはさらに時間がかかりそうな気がしちゃうんですけど？

全体の体質改善に対する構想とビジョンを持ったうえで、この重要な各論たる沖縄をどうするか？という構えがないと不十分です。そういう全体観を持ってアメリカに向き合う姿勢があって初めて、普天間も辺野古も時間がかかることを沖縄県民も国民もみんなが納得してくれる可能性があるし。

でも普天間も辺野古も25年も宙ぶらりん。終わりの見えない、果てなく続く時間は長く感じるものです。それでいいんですか。

この政府なら、この指導者なら、私たちにも責任があるし、いっしょに悩んで、考えて、アクションを起こそうと国民が思えた瞬間に、そのときは何も解決していなくても、解決にかなり近づく可能性がありますよね。逆にそれに成功しないと、問題はかくも複雑で、困難です。日本一国だけではどうしようもないことが多くて、基地問題も原発などと同じ。国民が気持ちを切り替えない限り、誰が政権担当しようが、変わりようがないことだと思っています。

ああ、そうか。小川さんが言っていることも、この章の最初に書いたように、みんなが我が事にしないと変わらないってところに行き着く。みんなが「国防サービスの受給者となっている」ことを把握し、実感し、基地問題の構造を理解していくこと。沖縄を私の問題にする――それは原発の問題にも環境問題にも通じる。

かくも大きな国家的な命題こそ、みなが我が事に引き寄せて考えなければ、解決なんてありえない。そういうことだ。「いやいや、そんな大きなこと、わからないし、関係ないし」とか手を顔の前でブンブン振り回しているうちは、何も変わらない。沖縄の基地問題を解決しないと、日本には未来がないんじゃないか？

それは、もう一つの沖縄の基地問題、東村（ひがしそん）・高江（たかえ）を知ると、さらに思う。

沖縄本島北部にある東村・高江は人口140人ほどの（当時）、森に囲まれた小さな集落だ。

そこを取り囲むように米軍のヘリパッド（ヘリ発着場）の建設が計画されたのは、辺野古移設問題と同じ1996年。前の年に小学6年生の女の子が米兵に暴行されて県民集会が行われて負担軽減をうたい、沖縄北部の森に広がる北部訓練場の4000ヘクタールを日本に返還することになった。その代わりに、ヘリパッド6か所を高江の集落を包囲する形で配置される計画が立てられ、住民の苦悩が始まった。

「名目は『負担軽減』『沖縄のため』。実態は『基地機能の強化』『米軍のため』でしかない」『ルポ沖縄　国家の暴力　現場記者が見た「高江165日」の真実』(阿部岳/朝日新聞出版)。

それから高江では基地反対運動が始まり、私の友人も加わった。彼女は言う。

「東京だったら許されないことが、沖縄北部の森では行われる。基地は日本各地にバラけさせるべきなのに、弱い所に集中させる。政治家はどうして知らん顔してるの?

東京では許されないこと?　それは2016年7月11日のヘリパッド建設資材が高江に搬入された日から、「完成」を宣言する12月22日までの165日間、高江が治外法権の場所になったことだ。内地にいる私たちは、ほとんど知らない。

「ここは日本なのか、と目を疑うことがしばしば起きた。戦後日本が表向き保障してきた人権や市民的自由が否定され、権力が意のままに振る舞う。これは戒厳令なのだ。そう説明するほかになかった」(『ルポ沖縄』より)

一時、政府は機動隊500人を高江へ送りこみ、地元の新聞記者たちが拘束された。建設に反対して座り込みをする人たちを、お年寄りでも女性でも、機動隊はゴミを片付けるような荒っぽさで排除した。高江もまた「政治の場」と「運動の場」になって、運動に加わらない住民は「生活の場」で恐怖さえ感じた。反対派の人たちを「テロリストみたい」と言い放って放送倫理違反を指摘されたTV番組もあり、私たちの無関心が衝突や分断を放置した。

今、高江の森にはヘリパッドが完成し、60デシベル以上の騒音が響く。2017年10月には米軍ヘリが不時着し、炎上した。（朝日新聞デジタル／2018年9月26日）

『ルポ沖縄』の最後は、「確かなのは、沖縄の問題は本土の問題であること。それに、本土の当事者意識がなければ解決しないことである」と結ばれている。

沖縄を我が事と思わなければ、基地問題は解決しない。辺野古も高江も、不平等な日米地位協定や日米安保条約につながる。その前に、戦争での沖縄の犠牲があったから、今の私たちがあること、忘れちゃダメじゃないか？　私はしかし、沖縄に行ったことがない。いつか沖縄の地に立って、沖縄のことを私の問題としてより深く考えたい。

「安心・安全なオリンピックを目指します」？

2021年夏。コロナ感染が急拡大する中、東京都民だけでなく、多くの人がオリンピック開催に反対か、もしくは不安を感じている。なのに、ずっと言われ続けている言葉は「安心安全な大会を目指します」ばかり。「バブル方式」なる「バブル（泡）の中に閉じ込めて外部と接触させない隔離方法」が五輪村できちんと機能してるかのように言われながら、現実にはオリンピック関係者らしき人たちの姿を、街のあちこちで目にする東京に私は暮らす。その度に不安になり、道をずいぶん遠回りし、どうして開催するの？　丁寧な説明はどうしてされないの？　不思議でたまらない。

今、権力者の側からすると、オリンピックを国民があぁだこうだ言おうと、物言う国民を反日呼ばわりして押し切ってしまえば問題ないと考えています。彼らは少々横暴を働こうが、さぼろうが、「オレたちは政権交代させられることはない」という慢心、油断の塊みたいになってるんですね。

何それ？　ひどすぎます。私たちはバカにされてるんですか？

思い出してみてください。この1年半、すべてオリンピックを軸に動いてきました。2020年春の第一波の時、入国管理を曖昧にしたまま、ＰＣＲ検査の対象を広げなかったのはオリンピック開催を意識していたと思います。開催延期を決めてから、やっとＰＣＲ検査の拡大を図った。

その後、安倍さんが辞めて、菅さんに代わり、11月にＩＯＣのバッハ会長と菅さんは会っているんですよ（11月16日、首相官邸にて）。すると今度は、ビジネスで入国する外国人への入国規制を緩めます。これもオリンピック開催をにらんでのことでしょう。ところがGoToなどもあって感染が再拡大して、再び緊急事態宣言を発出することになる。2021年3月にやっと解除したものの、バッハ会長が再来日して参加するはずだった5月17、18日の広島での聖火リレーは感染が拡大して叶わなかった。バッハ会長の来日はいったん延期になりました。

そして7月12日、まだまだそこまで追い込まれていない時期に、緊急事態宣言が発出されました。それはなぜか？　オリンピック開催中は発出できないから今のうちに出してしまえ、ということですね。

卑怯な！　私の周りでは誰一人として、オリンピックをやって欲しいとは言っていません。オリンピック期間中にワクチン接種が終われば勝ち組、そんな当てもないなら負け組と、ワクチン分断さえ起きてます。

ワクチンも当初、（2021年の）7月末までに打ち終えることを目標にしました。目標を立てたことは良かったと思いますが、じゃ、なぜ7月末なのか？　それもオリンピックですよね。すべての物事の優先順位、判断軸の最上位にオリンピックがある。そのことにものすごい違和感を抱いています。

はーっ。まったく絶望させられます。こんなにヤダヤダ言っているのに、無視される。相手にもされない。この政治不信はあまりに大きいと思います。

国民の声を聞かなくなったのは、安倍政権下の安保法制（平和安全法制）のとき（2015年）が境目だったと思っています。戦後70年も大事にしてきた日本の安全保障に関する政策、もちろん、それ自体に賛否両論あっていいいんですよ。変えないことが価値だとは思っていません。だけど、民主主義って手続きを大事にするんです。手続きの適正を持って、内容の適正を担保する制度なんです。だから70年大事にしてきた安全保障政策を変えるなら、憲法解釈の変更なんかでは変えてはいけない、むしろ憲法の明文を改正しなきゃいけないという立場に本来立つべきだった。なのに、大事なそこをすっとばしてやったわけです。

あのとき、自民党の支持率は一旦下がったけど、すぐに戻って、翌年の参議院選挙で圧勝するわけです。彼らは味をしめて、「オレたちにとって代わる人はいない」という慢心が根底にあり、オリンピックへの慎重意見とか不安とか心配は、まったくもって省みられるだけの背景がないんです。

じゃ、もう、今のオリンピック開催可否の問題は6年も前から始まっていたってことなんですか。選挙にきちんと考えて行かなかった私たち有権者側の責任ですか？

そうとも言いきれません。これは今、他に選択肢がないというところから来ています。私たち民主党政権がかつて国民の期待に応えられなかったことが罪なんですが、日本には選択肢が1つだけ、現政権しかないわけです。おそらく誰も現政権を、もろ手を挙げていいとは思ってないでしょう。ところが他に選択肢がないので、これで我慢せざるを得ない。いわばオプションがない、スペアタイヤのない長距離ドライブですよ。ぼろぼろになったタイヤでパンクしようが進むしかない。選択肢が1つしかない状態を民主主義と言うのか？　国民主権と言えるのか？　これは国民の責任じゃない。我々野党側の責任でもあるんです。

国の代表者たちは選択肢を増やす努力を怠った。そして、私たち有権者だって、選択肢をもっと強く求めるべきだった。そうした努力を双方が怠って、政権を慢心させてしまっている。なんてことだ！　このままオリンピックを開催して、感染が日本だけじゃなく、世界にも拡大することになったら？　どう責任を取ればいいんだろう、この国は？

万が一そうしたことになったら、総理大臣の首を差し出すぐらいじゃ、取れない責任でしょう。すでに日本でも80万人以上が感染して、1万5000人が亡くなっています（2021年7月現在）。

ぞわっ……。その世界を想像すると、背筋が寒くなる。そして、オリンピックにかかった費用の話も背中がゾワゾワしてくる。

当初は7000億円と言っていたのが、開催までに3兆円もかけてしまった。東京都と国の税金がかなり投入され、会計検査院（国の会計を検査し、会計経理が正しく行われているか監督する機関）が問題にしています。

3兆円て……。会計検査院が調べたところによれば、そのうち国は「340事業に、2018年度までに計1兆600億円余りが支出」したそう。省庁別に見れば、「国土交通省の支出が58事業の約3264億円で最も多く、文部科学省の52事業約2724億円、経済産業省の32事業約2149億円」（朝日新聞／2019年12月4日）だという。一体その後は、幾ら使っているのか。チケット収入も見込まれなくなり、補塡は誰がするんだろう。

それでもオリンピックは開かれる。小川さん、何の意義があると思いますか？

80年代以降のオリンピックの拝金主義、開発主義に決別する一石を投じるなら、ギリギリ意義を見出せなくもないですね。しかし、実際は「復興五輪」と言って始まったものが「コロナに人類が打ち勝った証」と言い出し、それが見込めなくなると今度はやれ絆だ、平和だと言い出して、ひたすら開催ありきの強迫観念に駆られているばかりです。そして7、8月にオリンピック／パラリンピックを開いて9月に選挙をやる、という政権浮揚の道具にしたい政治的思惑が重なる。それこそ、傷だらけのオリンピックになりました。

スペアタイヤを持たず、パンクしたまま進む今の日本。その車に乗って開催されるオリンピック。私は「その後」のことを激しく心配している。

間違えてもいい民主主義

一連の面談を通じ、途中から「民主主義」について考えるようになった。私という日本に住む人が、政治家である小川さんと政治について学びながら、対話をする――これって民主主義じゃないか？　と思ったからだ。そこから色々と自分なりに考えてきたものの、そもそも、民主主義って何だっけ？　探っていたら、こんな言葉に出会った。

「（民主主義とは）人間の尊重ということにほかならない」

へえ。予想外の言葉だった。これは戦後すぐの１９４８年、文部省が中高生向けに作った「民主主義の教科書」の冒頭にある言葉だ（『民主主義』文部省／角川ソフィア文庫）。

それまでの戦争の時代、人々は自分自身を奴隷にしてはばからない態度を取って、自分自身を卑しめ、ただ権力に屈従して暮らしてきた。だから「各人が自分自身の人格を尊重し、自らが正しいと考えるところの信念に忠実である」ことが民主主義の精神だと、その教科書には書いてある。

もちろん、これだけが絶対的な答えではなくて、

「多数決の原理だが、少数者を保護することでもある」（小川さんの言った51対49）

「選挙のことだが、選挙だけではない」

「具体的な制度だが、終わることのない理念でもある」（『民主主義とは何か』）

と、いくつも答えがあり、制度であり理念でもある。民主主義って、それ自体がものすごく多様だと分かった。

ところが、その民主主義。今、危機にあると言われることが多い。アメリカのトランプ前大統領やブラジルのボルソナロ大統領といったポピュリズム政治家たちの台頭があり、民主主義を否定するような政治が世界のあちこちに見受けられる。コロナ禍にあっては個人の自由や営業権が

侵害され、独裁的なリーダーの方が感染を抑えられるとも言われる。多様で自由な民主主義。なぜ、かくも容易に危機に陥るの？　小川さん、どうしてですか？

やっぱり集中制、独裁制って早いんですよ、答えが。その結論がたまたま合っていることさえある。みんな「早く答えをくれ」「さっささと決めてくれ」と思ったときは、独裁制の方を選択するでしょう。

一方で民主主義って手間もコストもかかる。要は一人ひとりの主権者がその手間とコストを引き受けるだけの余裕がないとダメなんです。今は経済的にも時間も、人間関係も余裕がないでしょう。

その中でも政治がいちばん用意してやらなきゃいけないのは経済的余裕。経済的余裕があれば、時間的余裕が生まれる。時間があれば人間関係はうまくいき、社会のことを考え、引き取るゆとりが生まれる。そうならないと民主主義は機能しないんです。

草を刈り続けながらゆっくり民主主義を考える、なんて余裕が今もう、ないのかもしれない。分かりやすい言葉で、すぐにもらえる答えを求めてしまう。コロナ禍で特に経済的にどんどん余裕がなくなってきて、それはもっと加速するかもしれない。

僕がよく思い浮かべるのは『風の谷のナウシカ』に出てくる王蟲（オーム）です。王蟲が赤目になったら手がつけられない。常に青い目でいるような社会環境を整備しないと、民主主義って、ひょっとしてきわめて危険な暴走装置に瞬時になりえてしまう。今、その兆候はもう見えてるでしょう。

はい、見えています。民主主義があっという間に危険な暴走装置になることは、かつてナチス・ドイツが証明している。

「ドイツは第一次世界大戦に負けたあとで、ゲーテの死んだワイマールという町で新しい憲法を作り、国会を中心とする高度の民主政治を行うことにした。ところが、国会の中にたくさんの政党ができて、ああでもない、こうでもないと争っているうちに、ヒトラーに率いられたナチス党というものが起ってきた。政党政治の煮えきらない態度にあいそをつかしたドイツの国民は、男も女も、景気のよいことを言うナチス党に投票を集中し、これを国会の第一党に仕立て、自ら求めて独裁政治の基礎を確立してしまった」（『民主主義』）

世界的な格差の広がりとか貧困の悪化といった要因が重なり、この状況でみんなが赤目になったら手がつけられない危険性を感じる。だからこそ、判断とか選択とかの問題じゃなく、決意とか覚悟の問題として民主主義をとりたい。

豊かさと平和を担保して、人々の心と暮らしに少しの余裕とゆとりを芽生えさせ、民主主義がもたらす手間とコストを引き受ける用意と決意を求め、それはかなり長期戦になるかもしれないけど、その覚悟もあわせて求めていきたい。

そのための脱成長であり、再分配だから。逆を言えば、民主主義をとると決意することは、絶対にこの平和と豊かさを保持すると決意すること。そうしなきゃ民主主義も法の支配も存立しないことが分かっているから、二重三重の覚悟がいるよね。ある種の見識からくる覚悟、人間の可能性と限界をよくわきまえた覚悟です。

決意と覚悟……。それはとてつもなく難しいことだけど、じゃあ、どうしたらいいんだろう？民主主義をとる決意と覚悟をし、持続させていくには？

民主主義は筋線維みたいなものだからね、常に筋トレし続けないといけない！

よもやの筋トレ論！　小川さん、それは、また無理な！　何せ私は何ごとも三日坊主。「四股を毎日100回踏みます」の決意は、しては破られの記録を更新中でして。

それでも私は小川さんとの対話を通して、なんとかあきらめないで踏ん張ることを考えてきた。共に草を刈り、車の両輪として進んできた。民主主義を実践してきたという自負が今こそ、ある。

だから言いたい。

今の日本。既に独裁主義的な政治が行われているんじゃないか？　どんなにみんなが反対してもオリンピックはやるし、ＧｏＴｏやって、マスク配布。なのに給付金は1回ぽっきり。生活困窮者が並ぶお弁当配布に政府はビタ一文支援しない。困窮者支援をする私の友人たちは、寄付金でなんとか賄い、自分で記事を書いて知らせ、走り回ってる。日本の政府は私たちの生活なんて見守ってくれず、余計なことばかり勝手に粛々と強行していく。

それがこうも続くと、何もできない無力感に苛まれ、政治をあきらめさせられそうだ。もう、何言ってもダメだよ。選挙になんて行っても意味がないよって。心が折れかける。でも、それ、絶対にダメだ。力強く言う。それ、絶対にダメだ。

ここまで私は、

「ひとりひとりが自分で考え、自分たちの意志でものごとを決めてゆく」（『民主主義』）

「政治的な議論が少数の特権者だけではなく、伝統的なしがらみから解放された多数の市民の政治参加が広く制度化されること」（『民主主義とは何か』）

と、民主主義に大切なことを考え、学んできたけれど、それをもっとはっきり言葉にすれば、「下から上の権威」ということだという。

ハッとする。そうなんだ。主権在民。私たち自身が主権者だってことだ。それを忘れていると、民主主義の反対にある独裁へ安易に身をゆだねてしまう。小川さんが心配する「**みんな『早く答**

えをくれ』『**さっさと決めてくれ**』」になってしまう。

私はずっと不安で苦しんで悩む中で「政治が悪いから、政治家のせいだ」と寝言のようにボヤいていたけど、それは間違っていた。政治家のせいにしてるうちは、政治家任せであり、何も変わらない。私がまず、そこにあらなきゃ、何も変わらない、変えられない。私が決めるんだ。それに気づいた。

1948年に作られた民主主義の教科書『民主主義』には、私たちが自由に選挙で選んだ代表者（議員）を通して、私たちは、私たち自身を支配している、とあった。

私たちの代表者（議員）は、私たちの主人ではなく、公僕であると。

私たちの意志によって法律は作られ、その法律は私たち自身を規律すると共に、代表者たちの政治そのものを規律する。

これこそが民主主義の政治なんだと言う。

となれば、選挙ってやっぱり大事だ。私たちの生活の根幹を決めることだ。私たちがどう暮らし、どう生きるか。それを選択するのが選挙なんだ。小川さんは「**絶対にこの平和と豊かさを保持すると決意すること**」と言う。私もその決意をしたい。

「どうすればいいいか」「私たちに何ができるか」、よく聞かれることだけど、何が何でも分かろうが分かるまいが、投票したい人がいようがいまいが、私なんかが行っても変わらないからとかなんとか言うけど、でも、当選した人に対抗した人をどの位置に置くかまでも考えれば、とにかく投票には何が何でも、とやかく言わずに行くべきなんです。投票に行くのは、意義があるから行くんじゃなくて、行くことで意義が生まれるんです。100年の計で人を育て社会を育てるなら、一日の計は投票日に投票へ行くことです。

そうだ！　そうなんだ！　そうなんだけど、でも、「選挙には行かない」という人もいる。大勢いる。面倒くさいとか、どうせ変わらないとか。今、ここに書いてきたことを目の前で朗読してあげたい気持ちだけど、ああ、鬱陶しいね、そのおばちゃんは。

もっと多いのは、選挙に行って生活を決めるとか、その根源とか、そんな大切なこと、「自分が間違えていたらどうしよう?」「自分の判断が政治を動かすなんて怖い」って気持ちを持つ人じゃないかな?と想像する。だって今、自分が間違えるの、すごく怖いことでしょう?　間違えたら、その時点で人生アウト!なんてことも。失敗は許されない。目立ってしまう。立ち直れない。バッシングされる……。怖いよね。

でも、でも、大丈夫。私やあなたの1票は1億分の1だから。間違えてもそう大したことにはならない。逆に1億票も1票の積み重ねだから、私やあなたの1票は大事だ。

そして、間違えたっていいってこと、小川さんも言っている。「**何が何でも分かろうが分かるまいが、投票したい人がいようがいまいが**」選挙には行こうって。

民主主義の完成は「自分で考えて自分たちの意志でものごとを決めていくこと」と言うけど、でも、それで間違えていたらいけません！なんて言わない。間違えたっていい。それで誰にもバッシングなんてされない！

だから臆することも、恐れることもない。ありのままの私やあなたで投票しよう。

とはいえ、私は代表者たちにも声を大にして言いたいことがある。

それは私たちにきちんと説明してほしい、ということ。そもそも、私たちの声に少しでも耳を傾けて欲しい。コロナ禍という先が見えない不安の時代だからこそ、私たちに言葉を尽くして丁寧に語り、私たちの声に耳を傾けてほしい。

何度もその言葉を引用してきた宇野重規さんは「新型コロナウイルスの感染拡大は、短期的に見ると民主主義にとって危機に見えますが、むしろ緊急時だからこそ、これを機に民主主義というものを強化していく、バージョンを上げてクオリティを上げていくことができると思います」と語っている。「誰がどこで意思決定したか、ちゃんと説明してもらう。それがうまくいったか、うまくいかなかったかを事後的にきちんと検証し、責任を取ってもらう。そのプロセスにおいては人々の多様な声をきいてもらう。こうした作業を通じて、みんなの政治とか統治とかに対する意識や要求は高まると思うんですね」と言う（『危機の中だからこそ 民主主義の強化を』ＮＨＫ新型コロナ特設サイト）。

誰がコロナ対策を経済含めて指揮しているのか？　誰がワクチン政策を決めたか？　誰が困窮者支援に知らん顔すると決めたか？　すべてオープンにしてほしい。小川さんが原発について話す中で言っていた「見えないように隠すだけの政治」は、私もイヤだ。都合の悪いことも見せてくれなきゃ！

代表者のみなさんは、私たちにぜんぶ知らせてほしい。そして、私たちに選挙に行きたいと思わせてほしいのだ。

そして、もう一つ。最後に叫びたい。今、日本の民主主義は、ほぼ「女性のいない民主主義」だということ。衆議院の女性議員の割合は10・1％、参議院は20・7％（2021年7月現在）。再度、重ねて、言いたい。是正は一刻も早く為されてほしい。そうしなければ、本当の民主主義を私たちは貫いているとは言えないのだから。

不安をそのままにしないための政治

「今日の人間は幸福について殆ど考えないようである」

これは1941年に創元社から刊行され、当時ベストセラーになった三木清の『人生論ノート』の、「幸福について」の書き出しだ。

三木清は哲学者。1938年から『文学界』誌上で「人生論ノート」の連載を始めたが、その年はちょうど「国家総動員法（戦争に備えて国の経済や国民の生活をすべて統制できる権限を政府に与えた法律）」が公布され、個人の幸福について語るのが難しい時代だった。三木は、こう書いている。

「むしろ我々の時代は人々に幸福について考える気力さえ失わせてしまったほど不幸なのではあるまいか。幸福を語ることがすでに何か不道徳であるかのように感じられるほど今の世の中は不幸に充ちているのではあるまいか」

翻って今、その時代に近づいていると言われている。いや、もう、すでにその時代と同じだとも。さらにコロナ禍にあって、日々SNSに踊る言葉たちは不安や批判、憎しみやあきらめが目立つ。そうなって、あたりまえだ。

でもだからこそ、最後に、幸福について考えてみたいと思う。「昨日までの今日が明日もまた確実に続く、そういう時代を確かに手にするための仕組み」を知りたくて、私は小川さんとたくさん話をしてきた。では、その仕組みが築く幸福とは何なのか？　それを話したいと思った。

そう思ったのには、実はきっかけがある。2回目の面談のとき、小川さんが7年前に出した本『日本改革原案』の改訂版を出したいと、そのために書いた加筆原稿を見せてくれた。そこにはいちばん最初に「中心におきたい『人の幸せ（幸福感を軸とする持続可能な社会）』」という言葉があって、さらに2003年、最初に衆議院に立候補を決意したときに書いた、政策としての幸福論が書かれていた。小川さんは幸福について考える人だ。

基本的なもの（衣食住）が満たされることは、人間の幸せにとって、とても大切な要素だと思います。でも、やっぱりそれだけじゃない。人の幸せは１００％主観的なもの。誰かがあなたの幸せをこうだと決めつけるようなものではありません。だから大切なことは、あなたが幸せと思える生き方を自由に選べる広い選択の幅、そしてお互いがそれを認め、尊重し合える懐の深い価値観、この二つが満たされる社会にして行く必要があると思うのです。私はこれから社会の在り方を考えるとき、全ての価値判断の軸に、経済成長や豊かさではなく、抽象的ではありますが『人の幸せ』を増やすのか、減らすのか、このことを軸に考えていきたいと思っています。

この文章に続けて「18年前の青臭さを気恥ずかしくも感じる。しかし32歳の私が訴えたかった核心は、今も変わらない」とある。いやいや、今も十分すぎるほど青臭いので大丈夫ですよ〜と思ったけど（それは決して恥ずかしいことじゃないし）、そのときはそのままにしていた。

でも色々書き進めるにつれて、じゃ、私の明日はどうあればいいんだ?と考え、ふと、「中心におきたい人の幸せ」という言葉が思い出され、そうだ、これが大事じゃないかと、これを話さないと、どうにも終われないと思った。幸福について話すことは、この面談の核を成すんじゃないか?と考えた。
それで話をした。幸福について。

幸福ってたぶん、完成形はないでしょう。動態だよね、ずっと続くもの。だから幸福に近づくということは、これは僕なりの考えだから他の人は違うかもしれないけど、増やしたいものを増やして減らしたいものを減らすというのが、幸福という動的なものに対するアプローチです。静的に捉えると、これが幸せですと誰かが決めようとした時点で違う、色々な角度から見る必要があるものですよね。

そう言ってから小川さん、「僕のホームページにいくつか短文をしたためたものがあるの、見たことない? なかなか気づきにくいところにあるんだけどね」と、秘書の坂本広明さん(ここにきて、初登場! こんにちは、お世話になります)に、「坂本さん、あの短文のやつ、あれ、印刷してくださいー」と叫ぶ。
それで出てきたのが「あなたに届け　社会へのメッセージ」という、小川さんが総務省を退職し、衆議院議員に立候補する前後、「自分は何のためにやるんだろう?」と考え、徒然なるままに書いたもの。いくつか拾う。
○「ひとの幸せ」

人が幸せに生きられる社会へ。人の幸せ　それは千差万別。人の数だけ　幸せの形はある。だったら　いろんな生き方が認められる社会にしよう。　お互いがお互いの生き方を大切にし尊重しあえる社会へ。物差しはひとつじゃない　そんな社会へ。

○「おとこを〝会社〟から　女性を社会へ　こどもと高齢者を社会で」

おとこを〝会社〟から取り戻そう。家庭へ　地域へ　生活の舞台へ。女性を社会へ送り出そう。女の人の感性を社会に織り込むために。こどもを社会で育てよう。高齢者を社会で支えよう。みんなの安心のため　みんなの幸せのため。

○「理想？　現実？」

現実は甘くない、そんなの理想　よく聞く言葉。確かにそう　社会にはたくさんの「現実」がある。どんなに「理想」を掲げても、「現実」には難しいこと、苦しいこと。しかしだ　だけどだ。夢と現実はもともとぶつかり合うもの。折り合いをつけていくもの。夢だけでもなければ現実だけでもない。あえて言えばみんな「夢追う現実家」「現実を見据える理想家」たくさんの人たちの　理想と現実がぶつかりあう　そのはざまを埋めていく　絶え間ない作業　それが政治？

なんだ、これ、いいじゃないですか、どうして見えにくいとこに隠してんですか、とエラソーに言う私。いや、でも、とにかく、気持ちのこもった言葉たち。

これを詩、と言ったら違うかもしれませんが、何年か前に聞いて驚いたことのひとつなんだけど、社会が変わるときって「初めに詩来たる」って言うんだってね。初めに詩がきて、次に音楽と芸術が来て、その後に設計とか技術が来て、最後に建物が建つと、建築の専門家の方が教えてくれたんです。時代の価値観とか歯車が動いてるときって初めに詩なんだと。感性と感受性の世界と言語の接点なんだろうね。最後に建つ建物とは、社会の構造を再設計するとするなら、それは法律と予算かもしれないね。

じゃ、この詩から始まって今思う、政治家として考える幸福とはどういうものですか?

それはやっぱり最低限の安定した衣食住、これはもう絶対で、マストです。それを担保、保障できない政治なら、いらないと言い切っていい。それにプラスして自分の趣味や好み、経験や歴史にあわせて選択の幅が広がって、選り好みして生きていけることが大事。それは他者からいかようにも咎められることがないように。なぜなら他者もそうしてるからであり、そこはお互いのリスペクト、尊重、多様性がベースにあるものです。他者を認めること、他者の領域を守ることは、イコールで自分の領域を守ることです。

自分自身の幸福といえば？

自分自身の幸福を言えば、僕は今日、ご飯が食べられて、明子さん（妻）は生きてて、子どもはなんとか元気にしてる。「俺は幸福だ」と思うけど、でも、この社会の矛盾を晴らしたい、解消したい、理不尽、不条理をなくしたいという意味では今、飢餓というか、その意味では飢えてるんですよ。

それが今、できていないからですね？

幸福の完成形はないんだけど、そこに近づきたいと思ってるんだよね。個人的な、私小説的な幸福は誰にもあるし、同時に社会性を帯びた幸福もある。両方相成って自己実現として昇華していくんじゃないかな。

ゴールはないですね。

ゴールはないね。正解もない。それぞれの人なりで。

それにしても、政治家はふだん、こういう話をされることありますか？　政治記者さんに聞かれたことありますか？

一回もない。みなさん、聞かれるのは政局とか、目の前のこととかで。

私はいろいろな政治家から幸福について聞きたいです。菅さんにだって聞きたい。

聞きたいし、感じたいでしょう？　字面や口先じゃなく、毛穴からしか伝わらないようなものを。

風景を見せてほしいなぁというのもあります。幸福の風景。私たちが置かれてる風景は今、あまりにも幸福とは思えないから。風景を思い描かせてほしいんですが。

思い描かせてまではしてくれないかもしれない、政治は。だけど、幸福の風景を思い描くことを難しくさせている要因を、ひとつひとつ取り除くことはできるかもしれない。

棘を抜くみたいに？

そう、幸福を思い描きやすい環境に近づける、それができる可能性を秘めているのが政治だと思います。


どうすれば、私の不安は解消されるのか？　幸福な明日を迎えられるのか？

それを考えるために政治家である小川さんと対話を重ねてきて、最後に分かったのは、「政治」そのものが幸福へ導く可能性を秘めているということ。明日の幸福を築くには、政治が欠かせない。まるでメビウスの輪というか、青い鳥は家にいたという。

小川さんの政治の幸福論は、政治学者の中島岳志さんが言う「一人ひとりの幸福を追求するための土台を作っていく作業を『政治』と呼ぶ」（『自分ごとの政治学』／ＮＨＫ出版）と同じだと思う。

ならば私は、ひたすら幸福を追求したい。そのための土台を築きたい。それは政治を学び、政治を語り、政治に参加すること。政治の当事者になることだ。つまり、せっせと草を刈り続ける。その先に幸福があるのだから、私は手を抜かない。

たとえ新たな不安が芽生えても、不安の原因を探り、原因が分かれば、そこに解決の道筋が見え、不安が縮んでいくことは既にこの面談で学んできた。私というひとりの不安が解消されていくことは、日本に住む多くの人の不安が解消されていくことだ。それはここで学んだ。私の不安は決して私だけの不安じゃない。

私は不安をそのままにせず、不安を解決するよう、政治を考えることを続けたい。当事者として、あきらめることは、止める。これから先、私は、私なりの幸福にあるのだ。

――そして戦争の時代、幸福を論じていた三木清は獄中で終戦を迎えた。

1945年3月に、逃走中の思想犯である友人を家に1泊させ、寒いからとコートをその人にあげたことが咎められて逮捕されたが、元々三木自身が思想的に軍部に睨まれる存在で、論壇からも締め出されていた。

8月15日、終戦を迎えても釈放されず、拘置所で感染した疥癬（かいせん）に苦しみ、そこから急性腎炎に罹り、終戦から1カ月と少しした9月26日に、苦しさのあまりベッドから床に転がり落ちて亡くなっている。

戦争責任を逃れたい当時の政府は、戦争を批判していた人たちをすぐには釈放しなかった。48歳。早すぎる三木の死は、その後の日本の思想界にとって、あまりに大きな損失だったと言われている。

秩序が崩れた社会での理不尽で壮絶な三木の死を思うと、今、その時代に似ていると言われる中、幸福を論じ、求める大切さをひしひしと感じている。

おわりに　私の不安は日本の不安だった

本を作っていると、スタート時とゴール時で、だいぶ違うものになることがある。最初はこう思って作り始めたのに、でき上がったら、ぜんぜん違うものになることは珍しくない。これもそういう本だ。だって最初、何も分からなかったんだもの。コロナ禍という絶望的な時間の中で、見えない明日を闇雲に知りたいばかりだった。

そこから私はすり足で、腰を低く落とし、足の裏は地面につけたまま、ずりっずりっと進んできた。相撲は引いたら、たいてい負けだ。前へ前へ行くしかない。

毎日、真夜中過ぎまでひたすら本を読み、厚生労働省や財務省、国土交通省などのホームページを初めて開いた。官僚の人たちが作った難しい言い回しの資料はちんぷんかんぷんで、目がシバシバして、朝起きると目が開けられないほど痛かった。初めて政治の問題を一つ一つ真剣に考え、今まで自分が政治を自分ごととして考えてなかったことを思い知らされ、知ることの大事さをつくづく感じた。

小川さんとの面談は最初のうち、本当に緊張の塊で、友達の美穂子さんに「小川さんがでっかい怪物みたいに思える」とメールしたのを覚えている。緊張で何も聞き返せず、そこに座ってるだけ。やっと何か言えるようになった頃、面談は終わった。

疲れと緊張から胃腸の調子を崩し、念のためと区民健診を受けたら見事、再検査になった。「胃カメラと大腸内視鏡、いっぺんにやっちゃいましょう」初めて会う胃腸科クリニックのドクターに言われ、早く終えなきゃおちおち原稿も書けやしないと、承諾した。

しかし、私の友達なら分かるだろう。かつて、苦しさにパニックを起こし、胃カメラを自ら引き抜いて、病院を上へ下への大騒ぎにさせた女だ、私は。それを両方って、あんた、大丈夫か？

数日後、大量の下剤を早朝から飲んで全身すっきり。クリニックへ向かった。いよいよ検査となる直前、「そう言えば、麻酔すると度々動悸しがちなんですが」と言ったら、ドクターがエッ？って顔をして、「それはアレルギーだから、麻酔は1種類だけにしましょう」と言い、1種類だけの麻酔が点滴で注入……されているらしいが、効いてる感覚がない。あのぉ～、効いてる感じがないんですが～、と言う間もなく、検査が始まってしまった。まずは大腸。

カメラと共に送りこまれる空気でお腹が膨張し、「カメラここにいます」もはっきり分かる。「苦しい、苦しい」地獄の底からのうめき声みたいなのが私の口からこぼれ落ち続け、看護師さんが「がんばりましょうね」と、遠慮がちに（なにせコロナ禍である）、私の二の腕のあたりをさする。

どうやらポリープが見つかったようで、シュルルッと何かが入ってきて、ピッと切り取り、シュルルッとまた出て行った。内視鏡カメラって、すごいっすねぇ。

って、そんな余裕はない。続いてすぐに鬼門の胃カメラ。

体の向きを逆にするやいなや鼻からカメラが差し込まれ、おえっ、おえっ、げっ。って、政治関連の本にあるまじき表現、お許しください。おえっ、おええっ、おえええっ。苦しさが半端ない！　以前の私ならギブアップな局面だ。しかし、私は本を作るのだ。だから、頑張る。ひたすらそう思っていた。


「なんで、そんな本を作ってるの？」

近所の公園で友達のユキさんに聞かれたとき、私は「だって、日本をなんとかしなきゃいけないと思うんだ」と真剣な顔をして答えていた。

友達がにわかに陰謀論の人みたいなことを言い出したのである。ユキさんは驚きつつ、「和田がそう言うなら、本ができたら、必ず読むよ」そう言ってくれた。

私は、「私の不安」をなんとかしてほしくて小川さんと面談を始めたが、始める前、私の頭の上にズシーンッと大きな塊が落ちてきて、それをどかさないとにっちもさっちも動けないと感じていたのは最初に書いた。２０２０年9月のことだ。落ちてきたときはそれが何かよく分かってなかったけど、学ぶうちにその正体がどんどん分かってきて、それは「日本の不安」だった。塊はそこに相変わらず今もいるんだけど、その正体がどんなものか分かると、私は塊があっても動けるようになった。とは言え、やっぱり邪魔だ。なんとかしなきゃいけない。「なにをエラソーに！」って言われたとしても、だって日本をなんとかするのは、私たち主権者でしょう？　だから当然の思いでしょう？　私を嗤う人は、民主主義を嗤ってる。そうでしょう？——そう言いたい。これ、私が学んだ大きなことだ。

そうして私は、自分の生存をかけた本を作り、私の不安、すなわち日本の不安を小川さんと考えて解決しようと必死だった。それで苦しい検査もどうにか耐えたのに、えっ？　やだ。ドクターが何やら暗い顔をしている。腸や胃に、色々あったらしい。

「とにかく、月末に結果を聞きに来てください」

ガーン。重い病気なのだろうか？　ずっと死にたい死にたいと口癖のように言ってきて、生きることに本気になった途端に病気なの？　何それ？　私の人生悲しすぎる。そう思った。でも、同時に、もし大変な病気だとしても、お願いします、神さま、この本だけは完成させてくださいと祈りに祈った。

そして、なんとか本が書けた。私は今、使命を果たし、自らの実存さえ証明した気でいる。おもいっきり、鼻ふくらんでるよ！　ちなみに病気はとりあえずセーフ！

書き上げた原稿を小川さんに読んでもらうと、「これは和田さんの成長物語」だと言った。政治を語ることが、私の物語になった。同時に『日本改革原案』を共に作った友人から、「小川さんも成長させてもらってますよ」と言われ、ハッと気づいたんだそう。その通りだって。そして、「これが民主主義だね」と言う。そう、これが民主主義なんだ。

小川さんとは、対話を重ねるうえで徐々に信頼を築いたと思う。それはコラムにも書いた通りだけど、私は信頼を築いていく過程にこそ、今回最も意義を感じている。それは国の代表者と主権者がいかに信頼を築いて行くか、ということだ。民主主義社会を築くためには不断の努力をするべしと言うが、まさにそれしかなかった。本当にそれしかないいんだ。めちゃ実感する。『日本改革原案』の最初に、政治家と私たち主権者が「両者の新たな信頼の絆を結ぶことはできるのか」とあったが、それを結ぶことができた。

とはいえ、最初、どうやったら私を信頼してもらえるだろう?と考え、それは私がこの本を作ることに生存を懸けてることを分かってもらうほかはないと、その様を全力で見せた。ひたすら考え、質問を立て、それを聞いて対話した。前にも書いたが、一切の無駄口などなく、ただただ問題と政策を話し合うことに全力を注いだ。それは小川さんに伝わり、私が何も言ってないのに「和田さん、命を注ぐ仕事だね」と何度も言った。

小川さんは私に向けて様々な政治的課題を噛み砕いて話してくれたが、それでも難しい場面はいっぱいあった。特に財政はちんぷんかんぷんな話も多くて、私が虚ろな目になっていたのは前にも書いた。それでも文字通り汗だくで2時間、私にまるで講義をするように語った。その、伝えよう！とする熱意に圧倒された。

最も印象に残っているのは、住宅問題について対話したとき、「自分の勉強が手薄でした、ごめんなさい」と私に謝ったことだ。政治家が「分からない」と言い、謝る。すごい場面に出くわした！と思った。

最後に「幸福」について対話したのも忘れられない。こういう話を政治家ともっと重ねられたら？　政治は大きく変わる気がする。

私はこの面談で重ねた対話ひとつひとつに、本当に意義を感じている。今、民主主義の危機が言われ、日本は政治不信という言葉が日々踊る社会だ。代表者たる政治家と主権者たる私たちの分断はすさまじい。そうした中にあり、こうして対話を重ねることで信頼を築けると証明できたこと、誇りに思う。


ところで、この本の一つのテーマを「分断しない、させない」と書いたが、私が花壇を踏みつけないでよかったという話。あれ、後々考えて、その反対でも許されるべきだと思って、小川さんとも「そうあるべき」と話し合った。あのとき私が花を踏みつけていたとしたら？　むろん、花壇の持ち主からしたら、とんでもないことだ。ただ、その自分を許すことも大事だ。もし、花を踏んだのが自分でないとしても、それを踏みつけた、生活に苦しみ、自暴自棄になった誰かのことも、よく生きていましたね、と許さなくてはいけない。

生活困窮者支援をしている私の友達が、支援する相手に不誠実な対応をされたとしても、その人がどうしてそうしてしまうかに思いを寄せ、手を差し伸べ続けるのを私は間近で見ることができている。困っている人こそ心が弱り、荒み、人とうまくコミュニケーションが取れなくなる。また、その逆も然り。そういう人たちへ、「よく生きていてくれましたね」と手を差し伸べる。根気よく。寛容に。私にはとてもできそうもない。

できないけど、そんな風にする人たちを間近に見て、救いをもらっている。だから、花壇を踏みつけた人も許さなくてはいけないと思う。実際に許す人がいるのだし。人が人を許すこと、みんなで考えたい。分断を超えて理解し合い、許し、信頼する。私たちが考えるべきことはたくさんある。

さらに、第6章で書いた幸福について、もう少し書いておきたい。私自身、どう生きたら幸せだろう？　しばらくずっと考えた。そのとき思い浮かんだのは、また住宅問題のときに小川さんが言っていた（住宅の回、私には重要でしたねぇ）、「だって、人間は晩年を迎えたとき、どうするんだ？　仮に結婚している人もいずれはどっちかが一人になるんだし、独居老人ばかりの世の中でいいのか？」ってやつ。私は今もひとりでこれから先もひとりだろうが、独居老人ばかりの世の中を想像し、それはそれで構わないけど、もう少し違う世界も想像したい。それで、ふと、星野智幸さんの小説『だまされ屋さん』（中央公論新社）を思い出した。人の家庭に見知らぬ人が入り込んで、そこの家族を縛りつけている、こうであれ、こうしなっきゃという様々な問題を解き放つきっかけとなっていく。家族が復活する物語じゃなく、家族の在り方を新しく定義していく物語。私はその、他人の家にうかうか入り込んで、「家族になっちゃいましょうよ」なんて荒唐無稽なことを言う人になりたい。ヒョウヒョウとした様で家族や社会の色々な「こうであれ」を取っ払い、自由にしていく奇跡のような人。誰をも、家族にしてしまう。そんな素敵な人に成長していけたらいいなぁ。私はどこまでも自由でいたい。そして、自由な社会を築きたい。その中をスイスイ泳ぐように生きたい。会いたい人に会い、話し、言いたいことを言い、あるがままの私でありたい。その私を肯定し、確かな私で生きていきたい。その基礎となる力を、小川さんとのこの一連の面談と学びで身につけることができたと、私はガシッと感じている。

この本は多くの人に支えられて作りました。ある意味、そこも民主主義の場のように、たくさん語り合い、私はこの本をみんなで作ったと思っています。

星野智幸さん、金井真紀さんにはたくさんの示唆に富んだ助言をいただきました。真夜中に何時間も話し合ったり、LINEでメッセージを交わしたり。お2人の考え抜かれた言葉に、何度もハッとさせられました。

映画『なぜ君は総理大臣になれないのか』の大島新監督、前田亜紀プロデューサーにも、助言や励ましをたくさんいただきました。そもそも、お2人が映画を作ってなかったら、この本もあり得ませんでした。大きなご縁をいただきました。ご縁といえば、長年私を応援してくれている小林俊彦さんとNYさんがいなかったら、この本は世に出ることはありませんでした。

伊野孝行さんとはどうしても一緒に仕事がしたくて、「絵を描いてください」とお願いしました。小川さんの秘書の八代田京子さんには、心配りを山ほどいただきました。これぞシスターフッド！って、また言います。さらに小川さんのおつれあい、小川明子さんにも原稿のチェックなど、お世話になりました。また、小川さんの本『日本改革原案』のプロデューサーである宇都宮崇人さんにも、様々なご教示をいただきました。

左右社の小柳学さん、筒井菜央さん、青柳諒子さん、中村たかねさん、野村玲央さん、神山樹乃さんには、この本に命をいただきました。熱い血潮をたぎらせる担当編集者の立原亜矢子さんとは、親子ほども年が違うのに同じ方向を見つめ、全力でいっしょに走り抜けられました。立原さんは私にとって、日本にとって、希望です。

そして、素敵なデザインをしてくださったのは松田行正さん、杉本聖士さんです。

校正の本望和孝さんには、省庁の資料まで丁寧にあたっていただきました。

みなさん、本当にありがとうございます。

最後に。小川淳也さんには忍耐強く、長い時間、何一つ分からない私と対話していただき、感謝してもしつくせません。面談を通して多くの学びを得て、気づきがありました。すばらしい機会をいただいて、私の生涯の誇りとなる仕事ができたと思います。本当にありがとうございます。原稿チェックなどのやりとりの中で私が「どうしてもこうしたい」と無理をお願いすると、「何ごとも半々ですから」と自ら折れてくれることがあったり。ぼやぼやしてる私に、「自分の中でしっかり概念を固めなさい」と厳しく諭してくれたり。そうした度に私は「小川さん、めっちゃいい人や！」と、密かにFacebookに書き込みをしていました。ふっふふ。

小川さんのような政治家が日本にいること、それは、いわゆるひとつの、希望っちゅうことですよね。

2021年7月　2度目のコロナ禍の夏に

和田靜香

政治問答ブックリスト

この本を書くにあたって参考にした本たちです。ぜんぶきちんと読み切れたか？　問われたら、そうでないものもありますが、それでも手に取り、小川さんと話すのに負けないぐらい、多くの本から学びを得ました。よかったら、みなさんも学びのきっかけとして読んでみてください。

『スウェーデンの小学校社会科の教科書を読む』ヨーラン・スバネリッド・著、鈴木賢志＋明治大学国際日本学部鈴木ゼミ・編訳／新評論

小川さんからの課題図書。国政選挙の投票率が85・5％（2014年9月）を誇るスウェーデンでは、自分の行動が政府の決定に影響を与える可能性に対する期待感が高いということが検証されていく。「すべての人々が同じ価値を持っていて、全員が1票ずつ持っていること」の意味をしっかり考えさせてくれる、必読な1冊。

『あなた自身の社会　スウェーデンの中学教科書』アーネ・リンドクウィスト、ヤン・ウェステル・著、川上邦夫・訳／新評論

小川さんからの課題図書。スウェーデンの中学校の教科書をまとめたもので、「自分たちが生きている社会を学ぶ子どもたちにたいする、著者の、ひいては大人の世代の信頼の深さと誠実な姿勢」に感動を覚えたとあり、そこが日本社会には足りないのだなとつくづく思った。今回は教育問題に関してはまったく話題にできず、ごめんなさい。

『Ｂｅフラット』中村安希／亜紀書房

政治家へのインタビューをまとめたノンフィクション。小川さんも登場するが、他の政治家さんの多くが言葉が軽く、著者の中村さんががっかりしていく様に、現実はこんなかとこちらもがっくり。この方もバイトしながらのライターで、フリーのライターはみんな食べていくのが大変だなぁと、仲間意識が勝手に湧いた。

『人口減少社会のデザイン』広井良典／東洋経済新報社

人口減少問題について掘り下げた1冊。今回話し合えなかったコミュニティ空間としての都市の在り方について（ベンチが街にあることなど）の記述が興味深い。

『地域の力　食・農・まちづくり』大江正章／岩波新書

今回ほとんど話ができなかった地方の力のこと、個人的にはとても興味深いテーマで、これから追いかけていきたい。そのときにキーになるのが公共交通だなぁと思いながら、この本を読んだ。

『日本改造計画』小沢一郎／講談社

1993年のベストセラー。日本をどうするか?を論じ、「住環境を整えろ」とあるのを読んで、この頃からやっていてくれたら違ったのになぁと空を見上げたい気持ちがする。

『国対委員長』辻元清美／集英社新書

国対委員長としての辻元さんの回想録。「私の最大の成果は、安倍政権での『憲法改悪』を2年間、一歩も前に進めず、事実上不可能にしたことだった――と評してくれる人もいます」に拍手。分かりづらい国対委員長とはどういう仕事か、よく分かり、これも必読の1冊。

『「空気」の研究』山本七平／文春文庫

場の空気を読むことに汲々とする日本人論として有名だけど、全体をマッチョな「空気」が覆っていた。

『自分ごとの政治学』中島岳志／NHK出版

政治とは何か？「簡単には分かり合えない多様な他者とともに、何とか社会を続けていく方法の模索」という言葉に、最初の頃に読んで、膝を打った私です。とても分かりやすくてお勧めしたい1冊です。

『この国の不寛容の果てに』雨宮処凛・編著／大月書店

2016年7月26日に神奈川県相模原市の「津久井やまゆり園」で起きた障がい者殺傷事件からの、命をめぐる対話集。批評家・杉田俊介さんによる、行き過ぎた資本主義社会による「はく奪感」と「孤独」に関する言葉がすばらしい。「僕たちは健全な自己愛を奪われている。勝ち上がらなくても、がんばりすぎなくても、ありのままの自分でいられるという安心感が損なわれていて、過剰に自己否定感を抱えさせられている」という文章には泣いてしまった。

『緊急出版！　枝野幸男、魂の3時間大演説「安倍政権が不信任に足る7つの理由」』ハーバー・ビジネス・オンライン・編／扶桑社

2018年7月20日に、枝野幸男さんが2時間43分に渡って行った「内閣不信任案趣旨弁明演説」を書き起こしたもの。民主主義に関して多くを語るが、多数決のこと、政府提出法案のこと、基本的なことを噛んで含めるように語っていて、これを語らなければならないぐらい与党議員が民主主義を全く理解していないことに驚く。

『メガ・リスク時代の「日本再生」戦略「分散革命ニューディール」という希望』飯田哲也、金子勝／筑摩書房

小川さんも説く、再生可能エネルギーを軸とした地域分散ネットワーク型の社会へと転換することで雇用を創出し、社会を立て直していこうとするもの。「ご当地エネルギー」の概念が広まってほしい。

『ほんのちょっと当事者』青山ゆみこ／ミシマ社

当事者意識をどうしたら持てるか?をエッセイで描いた本。「社会とはわたしが生きることでつくられている。わたしたちが『生きる』ということは、『なにかの当事者となる』ことなのではないだろうか」という意識、すごく大事に思う。

『分断社会・日本　なぜ私たちは引き裂かれるのか』井手英策、松沢裕作・編／岩波ブックレット

岩波ブックレットには大変お世話になったが、特に読みごたえがあった1冊。「なんでこの社会は分断されているのか」を労働、住宅、政治などから考察していて、とても考えさせられた。

『Weの市民革命』佐久間裕美子／朝日出版社

自分以外の誰かのために声を上げ、行動を起こすための本、アメリカ・バージョン。疫病がもたらした危機的状況は、山積する問題を是正する、もしかしたら最大にして、最後のチャンスかもしれない、という考え方に共感する。

『人新世の「資本論」』斎藤幸平／集英社新書

脱成長で環境調和をはかって、って小川さんの政策か？　と思うぐらい相通じるものがあった1冊。「ＳＤＧｓは大衆のアヘン」、アヘンに逃げ込まずに問題を直視しろという言葉にガツンとやられた。

『欲望の経済を終わらせる』井手英策／インターナショナル新書

『幸福の増税論――財政はだれのために』井手英策／岩波新書

『日本財政　転換の指針』井手英策／岩波新書

井手さんの本はまとめて読んで、税と日本社会のつながりを多く学んだ。「経済学」には「お金儲け?」という浅はかな思い込みをしていたが、より良い社会のために大切だと知った。特に井手さんが専門とする財政社会学にはとても興味を抱いている。

『ぼそぼそ声のフェミニズム』栗田隆子／作品社

フェミニズム運動が取りこぼしてきた「弱さ」と共にあるフェミニズムの声を拾い上げて丁寧に書いた良書。何かを主張するときには慎重に、広く目を配る大切さも教えてくれた。

『わたしたちは常に競争させられている〜新自由主義とフェミニズム〜』ナガノハル／私家版

『ふにおちない暮らし　専業主婦フェミニストの生活』ナガノハル／私家版

　新自由主義とフェミニズム、専業主婦とフェミニズム、ナガノハルさんは等身大のフェミニズムを語り、立場は違うのだが、とても共感する。フェミニズムに関心のある人は是非読んで欲しい。

『早稲田文学　２０１９年冬号』早稲田文学会・編／筑摩書房

　ポストフェミニズムの特集号。栗田隆子さんの「理解」という視線を求める論考には学びが多い。

『女性のいない民主主義』前田健太郎／岩波新書

　目から鱗すぎる、何が女性を政治から締め出してきたのかを政治学者が書いた良書中の良書。脱家族の理念も、大きな発見。小川さんに読んでいただきたいです。

『サピエンス全史　文明の構造と人類の幸福　上下』ユヴァル・ノア・ハラリ、柴田裕之・訳／河出書房新社

　小川さんからの課題図書。実はぜんぶ読み通せていないが、資本主義経済の論考に震えた。読み返します。

『日本のオルタナティブ　壊れた社会を再生させる18の提言』本田由紀ほか／岩波書店

　税金や外交、沖縄、政治など壊れた日本社会をいかに再生させるかの提言書。大沢真理さんの税・社会保障についての論考で「子育てや女性の就業に『罰』が科されてる」という言葉にドキっとした。

『民主主義とは何か』宇野重規／講談社現代新書

　民主主義とはなにか?を考えるに、最も多くの教えをもらった本。民主主義について、何も知らなかった自分に愕然とした。

『民主主義を信じる』宇野重規／青土社

　こちらは宇野さんの時事問題から民主主義を考えるコラム集。民進党と希望の党のゴタゴタへのキツい記述もあり。

『弱さのちから』若松英輔／亜紀書房

　弱さの力、利他の力についての言葉に、何度も読み返して勇気をもらった。

『コロナと向き合う　私たちはどう生きるか』福岡伸一ほか／婦人之友社

　コロナ禍で何をどう書いたらいいのか?を迷う中、弱さこそが強さだと学び、弱さのままに書くことにしました。

『オードリー・タンの思考　IQよりも大切なこと』近藤弥生子／ブックマン社

「一人の天才を生むことは難しいが、一人一人の心に小さなオードリー・タンを宿そう」という言葉が嬉しい。作者がオードリーにひたすらひかれて、ぐいぐいと取材していく様に感動した。

『そろそろ左派は〈経済〉を語ろう　レフト3・0の政治経済学』ブレイディみかこ、松尾匡、北田暁大／亜紀書房

喜び勇んで読んだら、経済成長賛成派だったので、そちら側の意見として読んだ。

『働く女子の運命』濱口桂一郎／文春新書

『日本の雇用と中高年』濱口桂一郎／ちくま新書

どちらも日本の労働の歴史を丁寧に紐解く良書。労働の問題を理解するのに欠かせない。

『ひとり暮しの戦後史～戦中世代の婦人たち～』塩沢美代子、島田とみ子／岩波新書

戦争で結婚の機会を奪われたひとり暮らしの女性たちが戦後どのように生活し、働いたか？　を聞き取りで丁寧に書いている。今もあまり女性の労働の現実は変わらないなぁと、じっと手を見てしまった。

『最低賃金　生活保障の基盤』日本弁護士連合会貧困問題対策本部・編／岩波ブックレット

最後の章の「声をあげることで必ず変わる」の言葉に勇気をもらった、最低賃金についての入門書。

『日本を壊した安倍政権』田中信一郎ほか、ハーバー・ビジネス・オンライン・編／扶桑社

安倍政権の7年半が遺したものを複数の方が検証。「『答弁拒否』で民主主義を破壊する安倍政権」「『アベノミクス』とは何だったのか？」など、総括する論考集。

『不寛容論　アメリカが生んだ「共存」の哲学』森本あんり／新潮選書

社会の分断を乗り越えるための共存の哲学。なかなか手ごわく、難しく、自分の不寛容さを思い知らされた。

『政治と報道　報道不信の根源』上西充子／扶桑社新書

なぜ国会報道は政局報道になってしまうのか？という常日頃不思議に思っていることを掘り下げて追求しているのが読み応えあります。政治の問題はメディアの問題でもあることがよくわかる。

『ふたつの日本「移民国家」の建前と現実』望月優大／講談社現代新書

日本中に読んで欲しい移民の問題について深く掘り下げた1冊。読みながら、日本てなんてひどい国だろうと、メラメラ怒りが湧いて、知らないでいた己を叱咤した。

『**質的社会調査の方法　他者の合理性の理解社会学**』岸政彦、石岡丈昇、丸山里美／有斐閣ストゥディア

インタビューによる質的調査の教科書的な本だけど、他者の合理性という考え方を知ることができて、とても感謝したい。

『**交通誘導員ヨレヨレ日記**』柏耕一／フォレスト出版

73歳の交通誘導員さんの実話日記だが、本業はライター。仕事として淡々とこなしているところに共感する。

『**未来をつくるあなたへ**』中満泉／岩波ジュニアスタートブックス

子ども向けの、世界で起きている課題について学ぶ本。南アフリカのデズモンド・ツツ元大主教の「私は楽観的なのではありません。希望のとりこなのです」という言葉に感激した。

『**気候危機**』山本良一／岩波ブックレット

グレタさんの言葉など、気候危機を理解するのに役立つ、最初の一歩な1冊。

『**グレタ　たったひとりのストライキ**』グレタ&スヴァンテ・トゥーンベリほか、羽根由・訳／海と月社

あらゆる人に読んで欲しい1冊。グレタさん16歳（当時）が気候変動への危機感から、学校を休んでひとりストライキを始める物語。私たちは最も大切なことを放り出し、知らん顔していることを痛感する。

『**グレタと立ち上がろう　気候変動の世界を救うための18章**』ヴァレンティナ・ジャンネッラほか、川野太郎・訳／岩崎書店

気候変動の世界を救うための18章という副題のとおり、じゃあ、どうしたらいいのか?を書いた本。プラスチック・フリーの生活を、と心したい。のに、１００均でふらふらと買い物してしまう自分を戒めたい。

『**原発に反対しながら研究をつづける小出裕章さんのおはなし**』野村保子、小出裕章・監修／クレヨンハウス

子ども向けに書かれた、原発と放射能の解説で、私はやっぱり原発が怖いと改めて思った。

『**はじめての沖縄**』岸政彦／新曜社

「私たちはともすれば、差別や貧困に苦しむ沖縄人、基地の被害に悩む沖縄人を描いてしまう。しかし、現場に深く入り込んで多くの人々に会うと現実はそんなに簡単ではない、ということを思い知ることになる」ということを知りたくて読んだ、

沖縄に行ったことのない私のための最初の1冊。

『海をあげる』上間陽子／筑摩書房

沖縄に暮らす人がどんな思いを抱えて生きるのか。その「情緒」の部分を知りたくて読み、泣きました。

『観光コースでない沖縄　戦跡・基地・産業・自然・先島』新崎盛暉ほか／高文研

沖縄の戦跡など歴史を学ぶ1冊。文筆家の金井真紀さんから教えてもらった。

『これってホント⁉　誤解だらけの沖縄基地』沖縄タイムス社編集局・編／高文研

基地問題をQ＆Aで分かりやすく解説し、世間にあふれるデマを駆逐して真実を知ることができる。

『交差する辺野古　問いなおされる自治』熊本博之／勁草書房

2001年から辺野古を中心に沖縄の研究を続ける熊本さんによる、基地問題（辺野古、普天間）の多面的で深い考察。「政治の時間、運動の時間、生活の時間」など、沖縄の基地問題を考えるのに欠かせないたくさんの視点を教えてくれる本。

『ルポ沖縄　国家の暴力　米軍新基地建設と「高江165日」の真実』阿部岳／朝日新聞出版

高江の165日を現場記者が見て記録した迫力ある告発。日本中が読むべき。

『〈全条項分析〉日米地位協定の真実』松竹伸幸／集英社新書

全条項掲載だけど、難しい条項文を読まずとも、その不条理さが丁寧に解説されていて、日米地位協定を知るのに適切な1冊。

『日本の統治構造　官僚内閣制から議員内閣制へ』飯尾潤／中公新書

日本の議院内閣制について丁寧に論じた一冊。読み切れておらず、読み直します。

『多数決を疑う　社会的選択理論とは何か』坂井豊貴／岩波新書

多数決は絶対なのか？　他にルールは作れないのか？　今の日本では難しいなぁと思ってしまった。

『民主主義』文部省／角川ソフィア文庫

新憲法の施行を受けて1948年に刊行された中高生向けの教科書。全文収録。しかし、この民主主義を築く不断の努力は日本で成し遂げられたことがあるのだろうか？と疑問に思い、ため息も出る。

『良き統治　大統領制化する民主主義』ピエール・ロザンヴァロン、古城毅ほか・訳／みすず書房
　現代の多くの国は政治体制は民主主義でも、民主主義的には統治されていない問題を問う分厚い本。宇野重規さんの解説だけでも読み応えあり。

『三木清「人生論ノート」を読む』岸見一郎／白澤社
　三木清の『人生論ノート』を読み解く解説書。「人間は物を作ることによって自己を作り、かくて個性になる。個性的な人間ほど嫉妬的でない。個性を離れて幸福が存在しないことはこの事実からも理解されるであろう」など、名言がいっぱい。三木清に長く生きて欲しかった。

『だまされ屋さん』星野智幸／中央公論新社
　「家族になっちゃいましょうよ」閉塞感の先の、新しい家族、社会の在り方を見せる小説。星野さんはいつも小説で一歩先の世界を見せる。この世界も現実になればいい。

『コロナ禍の東京を駆ける　緊急事態宣言下の困窮者支援日記』稲葉剛、小林美穂子、和田静香・編／岩波書店
　2020年4月からの最初の緊急事態宣言下に於ける、「つくろい東京ファンド」による生活困窮者の支援を日記を通じてありのままに記した本で、私は構成をお手伝いした。

『世界のおすもうさん』金井真紀、和田静香／岩波書店
　大相撲以外の相撲をとる、日本、世界の様々なおすもうさんを通じて社会を見て、金井真紀さんと2人で書いた。沖縄角力で辺野古編がある（金井さん担当）。

『日本改革原案　2050年　成熟国家への道』小川淳也／光文社
　2014年に小川さんと仲間たちが集まって考え、書いた政策集。今回の面談ではそのブラッシュアップ版が語られています。今回話し合えなかった地方自治のことや教育問題などもあり、小川さんは多面的に政策を作り上げていたことが分かります。「日本の未来のために政策提言したいのに、党の幹部からは安倍政権の攻撃をしろと言われる。国民のため国家のためという思いなら誰にも負けない気持ちでいるのに、党利党略に貢献しなければいけない」（映画『なぜ君は総理大臣になれないのか』パンフレットより）と、小川さんは長く歯がゆい気持ちを抱えてきている。これを世に広げられるのかどうかは、この本を読んでくださったみなさんにかかってるんだと思います。

和田靜香（わだ・しずか）

相撲・音楽ライター。一九六五年・千葉県生まれ。著書に『世界のおすもうさん』、『コロナ禍の東京を駆ける　緊急事態宣言下の困窮者支援日記』（共に共著、岩波書店）、『東京ロック・バー物語』（シンコーミュージック）、『おでんの汁にウツを沈めて44歳恐る恐るコンビニ店員デビュー』（幻冬舎）などがある。猫とカステラときつねうどんが好き。

小川淳也（おがわ・じゅんや）

国会議員。一九七一年・香川県生まれ。東京大学法学部卒。一九九四年自治省に入省し、二〇〇三年に民主党より衆議院議員選挙に初挑戦するも惜敗。二〇〇五年に初当選。現・立憲民主党所属の衆議院議員（五期／二〇二一年七月現在）。レンチンした「おあげさん」が好き。

時給はいつも最低賃金、これって私のせいですか？
国会議員に聞いてみた。

二〇二一年九月五日　第一刷発行
二〇二一年九月二十八日　第五刷発行

著者　和田靜香
取材協力　小川淳也

発行者　小柳学
発行所　株式会社左右社
東京都渋谷区千駄ヶ谷三・五五・一二ヴィラパルテノンB1
TEL 〇三・五七八六・六〇三〇
FAX 〇三・五七八六・六〇三二
http://www.sayusha.com

イラスト　伊野孝行（表紙、本文、奥付）
杉本聖士（帯）
装幀　松田行正＋杉本聖士
印刷所　創栄図書印刷株式会社

ISBN 978-4-86528-045-6